d

Petros Markaris

Das Spiel
mit der Angst

und andere Geschichten

Aus dem Neugriechischen von
Michaela Prinzinger

Diogenes

Die Originalausgabe erschien 2021 bei
Ekdoseis Keimena, Athen, unter dem Titel ›Η τέχνη του τρόμου‹
Copyright © 2021 by Petros Markaris
Covermotiv: Gemälde von Olga Kvasha,
›Shadows‹, 2009 (Ausschnitt)
Copyright © Olga Kvasha

Der Diogenes Verlag wird vom Bundesamt für Kultur
für die Jahre 2021–2024 unterstützt

Für Josefina, wie immer

Inhalt

Quarantäne

Es beginnt mit einem Anruf von Stella. »Es tut mir leid, Herr Charitos, ich habe schlechte Neuigkeiten.«

»Was heißt das?«, frage ich besorgt.

»Ich bin positiv auf Corona getestet worden. Ich muss vierzehn Tage in Quarantäne.« Sie pausiert und fügt bedrückt hinzu: »Da Sie erste Kontaktpersonen sind, müssen auch Sie in Quarantäne.«

»Schön«, sage ich mir. »Früher hatten wir Souvenirs im Gepäck, jetzt bringen wir das Coronavirus aus dem Urlaub mit.«

Es folgt ein Anruf des Katastrophenschutzes. »Kommissar Charitos?«

»Am Apparat.«

»Devletis hier, Herr Kommissar. Haben Sie mit Ihrer Assistentin gesprochen?«

»Ja, sie hat mich informiert, dass sie positiv auf Corona getestet wurde und dass ich ebenfalls in Quarantäne muss.«

»Genau. Mit welchen Familienmitgliedern wohnen Sie in einem Haushalt?«

»Nur mit meiner Frau.«

»Dann muss auch sie vorbeugend in Quarantäne. Für Sie beide gilt Maskenpflicht in der Wohnung.«

Sofort rufe ich Adriani an. Zum Glück erreiche ich sie, bevor sie zu unserer Tochter aufbricht. Als ich ihr die Lage schildere, bringt sie keinen Ton heraus.

»Das heißt, ich darf nicht zu Katerina, solange wir in Quarantäne sind?«, stammelt sie.

»Für die kommenden zwei Wochen leider nicht. Wenn alles glattgeht.«

Ihre Niedergeschlagenheit verwandelt sich in Verzweiflung. »Und wie soll das gehen? Wer kümmert sich um den kleinen Lambros, wenn Katerina arbeiten geht?«, ruft sie aus. »Wie rücksichtslos von deiner Assistentin!«

»Ich werde Sissis bitten, Melpo zu schicken, bis du das wieder übernehmen kannst.« Melpo ist die Frau aus dem Obdachlosenheim, die schon für Lambros sorgte, als er noch ein Baby war. »Mach dir keine Sorgen, im Obdachlosenheim gibt es keine Coronafälle, und Sissis lässt die Bewohner jede Woche testen. Rufst du Katerina an, oder soll ich?«

»Du gibst Sissis Bescheid, und ich spreche mit Katerina, um die Einzelheiten abzusprechen.«

Ich informiere erst noch meine Mitarbeiter, bevor ich bei Sissis anrufe. Er hört mir zu, ohne zu unterbrechen. »Irgendwie ahnte ich schon, dass es dich erwischt«, sagt er besorgt. »Hoffentlich geht alles gut. Ich schicke Melpo sofort los. Sag Adriani, sie soll sich keine Sorgen machen.«

Vor lauter Telefonaten und Gesprächen ist mir gar nicht bewusst geworden, dass ich mich ja tatsächlich angesteckt haben könnte. Die Angst überkommt mich erst, als ich in meinem Seat sitze und nach Hause fahre.

*

Quarantäne, die <aus fr. quarantaine, eigtl. Anzahl von 40 (Tagen), zu quarante, »vierzig«, dies aus vulgärlat. quarranta, lat. quadraginta; nach der vierzigtägigen Hafensperre, mit der man früher Schiffe belegte, die seuchenverdächtige Personen an Bord hatten>: räumliche Absonderung, Isolierung ansteckungsverdächtiger Personen, Tiere od. Absperrung eines Infektionsherdes (z. B. Wohnung, Ortsteil, Schiff) von der Umgebung als Schutzmaßnahme gegen Ausbreitung od. Verschleppung einer gefährlichen Infektionskrankheit.

Der Eintrag im Dimitrakos-Lexikon öffnet mir die Augen und macht mir bewusst, was mir bevorsteht. In meinem Fall wenigstens wird die Quarantäne nur vierzehn Tage dauern und keine vierzig. Aber selbst dieser Zeitraum erfüllt mich mit Schrecken.

Seit unserer Eheschließung waren meine gemeinsamen Stunden mit Adriani auf den Abend und die Sonn- und Feiertage beschränkt. Die Geburt unseres Enkels veränderte unser Leben, und wir waren nur noch selten zu zweit. Unsere Abende verbrachten wir mit Katerina, unserem Schwiegersohn Fanis und vor allem mit Lambros, bis es Schlafenszeit für ihn war.

Schon am ersten Tag der Quarantäne wird mir klar, dass ich tagsüber in meinem eigenen Haus nur zu Gast bin. Sobald ich morgens das Wohnzimmer betrete, wo der Fernseher steht, stürzt Adriani herbei und scheucht mich fort.

»Nicht ins Wohnzimmer! Ich muss erst putzen und Staub wischen. Später!« Als ich sie dann in der Küche aufsuchen will, um mit ihr zu plaudern, hält sie mich an der Schwelle zurück. »Beim Kochen kann ich hier niemanden gebrauchen. Und setz bitte die Maske auf. Sie haben dir doch gesagt, dass du zu Hause eine Maske tragen sollst.«

Dass wir uns beide nicht damit abfinden können, nicht wie gewohnt unserer Arbeit nachgehen zu können, macht das Zusammenleben noch schwieriger. Adriani sehnt sich nach ihrem Enkel und ich mich nach der Dienststelle. Das zerrt an unseren Nerven und befeuert unsere Auseinandersetzungen. Langsam hege ich Fluchtgedanken. Am liebsten würde ich die Quarantäne abbrechen und hinaus auf die Straße rennen.

Am dritten Tag finden wir schließlich eine Form der Koexistenz. Ich habe mich ins Schlafzimmer zurückgezogen, als wäre ich ein Student, der zur Untermiete wohnt. Adriani hält die übrige Wohnung für sich besetzt wie eine Vermieterin, die so ihr Haushaltsbudget aufbessert.

*

Nachdem wir wie immer zusammen unseren Morgenkaffee getrunken haben, gehe ich ins Schlafzimmer, lege mich aufs Bett und stelle mir das Dimitrakos-Lexikon auf die Brust.

a) isolieren: (von etwas, jmdm.) streng trennen, um jede Berührung, jeden Kontakt auszuschließen: die mit dem Giftstoff infizierten Kranken wurden sofort isoliert; einen Gefangenen isolieren; den Gegner politisch isolieren; ihre Stellung isolierte sie von ihrer Umgebung.

b) sich isolieren: für sich bleiben; den Kontakt mit andern meiden; sich von den andern absondern. Syn.: sich abkapseln, sich abschließen, sich ausschließen, sich fernhalten, sich verkriechen.

Beide Aspekte des Wörterbucheintrags sind mir vertraut. Bei a) kommt mir die Isolierung von Gefangenen sehr bekannt vor, da sie Teil meines Jobs ist, auch wenn wir nur Verdächtige und keine verurteilten Gefangenen isolieren. Bei b) fällt mir der Begriff der erzwungenen Absonderung und der Kontaktvermeidung auf – in meinem Fall mit Adriani, um Zusammenstöße zu vermeiden.

Ich lasse das Dimitrakos-Lexikon auf dem Bett zurück und gehe in die Küche, um zu sehen, ob noch Mokka übrig ist. Das Schnabelkännchen ist halb voll, doch Adriani ist nicht da. Als ich ins Wohnzimmer trete, verschlägt es mir die Sprache. Sie sitzt mit Strickzeug in einem Sessel.

»Du strickst?«, frage ich. Ich traue meinen Augen nicht.

»Wie du siehst.«

»Das hast du doch seit Jahren nicht mehr getan. Kannst du das überhaupt noch?«

»Stricken vergisst man nicht.«

»Und was wird daraus?«

Zum ersten Mal seit Tagen strahlt sie mich an.

»Ein Pullover für unseren Enkel. Gestern habe ich aus lauter Frust die Schränke aufgeräumt und drei Wollknäuel entdeckt. Mein erster Gedanke war, ihm etwas zu stricken.«

Sie wirkt richtig glücklich. Als ich – dadurch ermuntert – mit der Mokkatasse in der Hand ihr gegenüber Platz nehme, lässt sie mich gewähren.

»Weißt du, wenn ich beim Stricken die Wolle anfasse, fühlt es sich an, als würde ich ihn streicheln«, gesteht sie mir. »Ich bete, dass auf die Quarantäne keine weiteren Probleme folgen, damit ich ihm den Pullover bringen kann.« Auch diesen Satz beendet sie mit einem Lächeln.

Ihr Stimmungswandel lockt mich aus der Reserve. Ich gehe ins Schlafzimmer und kehre mit dem Dimitrakos-Wörterbuch zurück. »Stört es dich, wenn ich mich zu dir setze?«, frage ich.

»Machst du Witze? Warum sollte es mich stören? Du kannst auch die Maske ablegen.«

»Aber du wolltest doch, dass ich sie in der Wohnung trage!«

»Stimmt, aber Fanis hat mir erklärt, dass es nicht nötig ist, wenn wir Abstand halten. Als Arzt kennt er sich aus.«

Ich setze die Maske ab und atme auf. ›Endlich raus aus dem Schlafzimmer-Gefängnis‹, denke ich, während ich mich in den Sessel fallen lasse. Adriani unterbricht das Stricken und blickt mich belustigt an.

»Warum schaust du so?«, wundere ich mich.

»Weil wir so enden wie unsere eigenen Eltern: Der Mann liest, und die Frau strickt. Nur dass damals die Männer Zeitung gelesen haben und keine Wörterbücher.«

*

Es ist der erste Tag friedlicher Koexistenz unter Quarantänebedingungen. Wir sind mit dem Abendessen fertig und schauen uns einen Film an. Die Quarantäne hat richtige Kinoliebhaber aus uns gemacht. Es ist eine alte Komödie mit bekannten Schauspielern, die selbst in finsteren Zeiten gute Laune verbreitet.

Nach kaum zehn Minuten klingelt mein Handy. Der Anruf kommt von Dermitsakis. Wenn man um diese Uhrzeit von der Dienststelle gesucht wird, verheißt das nichts Gutes.

»Herr Kommissar, tut mir leid, dass ich Ihnen die Stimmung verderben muss. Aber wir haben einen Mord.«

Ich seufze aus tiefstem Herzen. »Wissen wir schon, wer das Opfer ist?«

»Nicht nur wir, sondern ganz Griechenland.

Die Nachrichtenmoderatorin Charis Velakou ist ermordet worden. Ich bin schon vor Ort.«

»Große Wunder dauern drei Tage«, sagte meine Mutter immer. Mein kleines Wunder dauerte keine zwölf Stunden. Kaum sind wir zu Hause endlich in ruhigem Fahrwasser, wirbeln uns die Nachrichten von der Dienststelle durcheinander.

»Wie ist es passiert?«

»Sie wurde erschossen, als sie vor ihrem Wohnhaus aus dem Auto gestiegen ist, in der Vassiliou-Straße in Filothei. Der Täter könnte aus einem Wagen geschossen haben. Hausbewohner haben gleich nach den Schüssen das Aufheulen eines Motors gehört.«

»Wer ist jetzt bei dir?«

»Askalidis und Dervissoglou. Dimitriou ist auch schon mit der Spurensicherung da. Wir warten noch auf die Gerichtsmedizin.«

»Schick mir ein Foto vom Tatort.«

»Haben Sie WhatsApp?«, fragt er.

»WhatsApp? Was ist das schon wieder?«, wundere ich mich.

»Was, du kennst WhatsApp nicht? Guter Gott, wo lebst du eigentlich?«, ruft Adriani. »Gib mir das Handy.« Sie nimmt es mir aus der Hand und drückt ein paar Tasten. »Bitte sehr!«, sagt sie, als sie es mir zurückgibt.

Auf dem Bildschirm taucht Dermitsakis' Gesicht auf. »Okay, sehen Sie mich jetzt?«, fragt er.

»Ja.«

Er tritt zur Seite und gibt den Blick auf den Wagen hinter ihm frei. Die Fahrertür steht offen. Die Velakou liegt bäuchlings auf der Straße. Vor ihrem Kopf ist eine Blutlache zu erkennen.

»Wurde sie in den Kopf geschossen?«, frage ich.

»In die Stirn und ins Herz. Sie war auf der Stelle tot. Als die Anwohner auf die Straße herausgelaufen kamen, lebte sie schon nicht mehr.«

»Ich möchte mit Stavropoulos sprechen, sobald er das Opfer fertig untersucht hat. Ihr hört euch unter den Nachbarn im Wohnhaus um. Ich bin mobil erreichbar und möchte fortlaufend informiert werden.«

»Wer ist umgebracht worden?«, will Adriani wissen, als ich aufgelegt habe.

»Charis Velakou, die TV-Moderatorin.«

»Wirklich? Die haben wir doch gerade erst in der Nachrichtensendung gesehen.«

»Sie wurde auf dem Nachhauseweg getötet.«

Adriani bekreuzigt sich und hebt die Augen zur Decke.

Schlimmer geht's nimmer, wie wir früher immer sagten. Nicht genug damit, dass wir während meiner Quarantäne mit einem Mord konfrontiert sind, jetzt haben wir auch noch ein prominentes Opfer, das landauf, landab bekannt ist.

»Woher kennst du dich denn mit dem Whats Dingsbums aus?«, frage ich Adriani.

»Katerina hat es mir gezeigt, damit ich Lambros sehen kann. Es ist nicht schwierig. Gib noch mal dein Handy her.«

Als ich es ihr reiche, zeigt sie mir, welche Tasten ich drücken muss, um jemanden zu sehen. »Probier es aus.« Als ich sie anrufe, blickt mir ihr Gesicht gleich zweimal entgegen, einmal real und einmal virtuell. »Gut, das kriegst du hin«, meint sie. »Aber schreib dir zur Sicherheit auf, welche Tasten du drücken musst, denn du hast es bestimmt gleich wieder vergessen.«

In der Küche reiße ich ein Blatt von Adrianis Einkaufsblock ab und notiere mir die Tastenkombination für WhatsApp. Kurz darauf wünscht mir Adriani eine gute Nacht, doch ich weiß schon, dass ich nicht schlafen werde.

Ein Mord mitten in meiner Quarantänezeit, noch dazu mit einem prominenten Opfer, ist das Schlimmste, was passieren konnte. Die Nachforschungen kann ich von zu Hause nicht vorantreiben. Die Quarantäne müsste also aufgehoben werden, aber das wird man nicht zulassen. Oder ich ersuche den Vizepolizeipräsidenten, die Ermittlungen vor Ort zu leiten und mich zu informieren. Die zweite Lösung ist wohl realistischer.

Das Klingeln des Handys holt mich aus meinen Gedanken. »Einen Augenblick, ich gebe Ihnen Doktor Stavropoulos«, kündigt mir Dermitsakis an.

»Guten Abend! Ich hoffe, es geht Ihnen gut und Sie überstehen die Quarantäne wohlbehalten«, lautet Stavropoulos' Einleitung.

»Das hoffe ich auch, aber mit dem Velakou-Mord wird alles komplizierter. Also, was haben Sie herausgefunden?«

»Es wurden insgesamt drei Schüsse abgefeuert. Die Kugel, die sie in die Stirn getroffen hat, und die ins Herz waren beide tödlich. Die dritte traf sie vermutlich in die Schulter, als sie zu Boden stürzte. Ich glaube nicht, dass der Täter aus einem fahrenden Auto gefeuert hat. Er muss ausgestiegen sein und sie aus nächster Nähe erschossen haben. Alles Weitere hören Sie nach der Autopsie.«

»Habt ihr von den Hausbewohnern etwas herausgekriegt?«, frage ich Dermitsakis.

»Die Velakou ist seit ein paar Jahren geschieden. Sie wohnte zusammen mit ihrer Mutter und ihren beiden Kindern. Zum Glück haben die Kinder geschlafen und nichts mitbekommen. Ihre Mutter ist nicht zu beruhigen. Es war unmöglich, mit ihr ein

Gespräch zu führen, wir haben es auf morgen verschoben. Den Nachbarn zufolge lebt ihr Ex-Mann im Ausland. Ansonsten hielt sie die Leute auf Abstand und hatte mit keinem aus dem Wohnhaus näheren Kontakt.«

Als Letzter ist Dimitriou von der Spurensicherung an der Reihe. »Wir prüfen die Fahrbahn, aber sie ist trocken. Ich glaube nicht, dass wir Spuren finden. Jedenfalls glaube ich nicht, dass ihr der Täter den ganzen Nachhauseweg gefolgt ist, das wäre ihr aufgefallen. Höchstwahrscheinlich wusste er, wann sie nach Hause kommt, hat ihr aufgelauert und ist ihr nur das letzte Stück hinterhergefahren.«

Hier enden die ersten Ermittlungen, und ich lege mich schlafen. Vorsichtshalber lasse ich mein Handy an, falls sich doch noch etwas ergibt. Zum Glück meldet sich niemand, und ich schlafe ungestört bis zum Morgen.

*

Nach dem ersten Kaffee rufe ich den Vizepolizeipräsidenten an. Ich erläutere ihm den Stand der Dinge und dass wir es mit der Ermordung einer prominenten TV-Moderatorin zu tun haben.

»Ich möchte die Verantwortung für die Ermittlungen nicht vollständig den Kollegen von der Dienststelle überlassen, bin zurzeit aber auf Informationen aus zweiter Hand angewiesen. Ich habe absolutes Vertrauen zu meinen Leuten, aber wenn etwas schiefläuft, müssen sie den Kopf dafür hinhalten. Daher wollte ich vorschlagen, dass Sie die Oberaufsicht übernehmen und wir zusammen die Lage besprechen, wann immer Sie es für richtig halten.«

»Ja, aber ich sitze nicht am Alexandras-Boulevard und bin nicht ständig präsent für Ihre Leute«, lautet sein erster Einwand. »Außerdem haben wir im Polizeikorps unterschiedliche Karrieren durchlaufen, Herr Kommissar«, fügt er hinzu. »Ich habe bei der Bereitschaftspolizei und bei der Ausländerbehörde gedient. Kapitalverbrechen sind für mich unbekanntes Terrain.« Er verfällt wieder in Schweigen. Kurz darauf meint er: »Ich hätte da einen anderen Vorschlag.«

»Ich höre.«

»Wir verschaffen Ihnen für Ihre Wohnung einen Computer, den Sie für Videokonferenzen nutzen können, und auf der Dienststelle richten wir das genauso ein. So können Sie jederzeit mit Ihren Mitarbeitern Besprechungen abhalten. Sie können sogar an Vernehmungen teilnehmen. Was halten Sie von meiner Idee?«

Natürlich ist das eine gute Idee, aber sie zieht mir den Boden unter den Füßen weg. Mein Verhältnis zu Computern und Videokonferenzen ist wie das eines Wüstenbewohners zum Schwimmen. Andererseits kann ich schlecht als Vizekriminaldirektor den Vorschlag meines Vorgesetzten ablehnen, nur weil ich in technischen Fragen eine Null bin.

Als wir auflegen, ist der Vizepolizeipräsident froh, dass er eine Lösung gefunden hat. Mich jedoch quält die Angst, total zu versagen.

Ich versuche mich an den Gedanken zu gewöhnen, dass ich meine Tage vor dem Computerbildschirm mit wechselnden Gesprächspartnern verbringen werde. Doch ich habe keine Ahnung, wie das gehen soll. Wie stelle ich den digitalen Kontakt bloß her, ohne dass er gleich wieder abbricht?

Zum Glück zieht mich ein Anruf von Dermitsakis aus dem Gedankensumpf. »Herr Kommissar, wir sind beim Fernsehsender und sprechen gerade mit Herrn Liakakis, dem Nachrichtenchef. Er hat uns einige interessante Auskünfte gegeben, die Sie auch hören sollten.«

»Guten Tag, Herr Kommissar. Ich habe Ihren Kollegen erzählt, dass sich Charis im Verlauf der Pandemie sehr viele Feinde gemacht hat.«

»Was für Feinde? Journalisten von Konkurrenzsendern? Ärzte? Oder Politiker?«

»Bekannte Politiker, die sich entweder nicht an die Maßnahmen gehalten oder die Quarantäneregeln gebrochen haben. Wenn wir davon Wind bekamen, hat sie die Sache jedes Mal öffentlich gemacht, ob es nun Politiker oder Unternehmer, Künstler oder Fußballer waren. Mit dem einleuchtenden Argument, dass Prominente, die sich nicht an die Regeln halten, dem einfachen Bürger mit schlechtem Beispiel vorangehen. Bei jeder Gelegenheit hat sie mit dem Finger auf sie gezeigt. Dadurch hat sie, das muss ich zugeben, die Quote in die Höhe getrieben. Zum Schluss haben wir sogar gezielt nach solchen Fällen gesucht. Charis war das Gesicht des Senders – und deshalb auch die Zielscheibe der Wut.«

Jetzt, da es Liakakis erwähnt, fällt es mir auch wieder ein. Alle paar Tage wurde in der Nachrichtensendung ein neuer Skandal ans Licht gezerrt. Vielleicht wollte einer, der von der Velakou angegriffen worden war, es ihr heimzahlen, das wäre naheliegend.

»Haben Sie vielleicht eine Liste von Betroffenen, die in der letzten Zeit von Ihrem Sender bloßgestellt wurden?«

Schweigen in der Leitung. »Ja, die gibt es, aber ich möchte Sie bitten, diese Aufstellung mit absoluter Diskretion zu behandeln«, meint er.

»Keine Sorge, die Polizei legt ihre Quellen gewöhnlich nicht offen. Außerdem werden wir auch nicht alle befragen.«

»Schön, dann gebe ich sie Ihren Mitarbeitern mit.«

Ich bedanke mich bei ihm und gebe dann meine Anweisungen an Dermitsakis. »Ruf mich an, wenn ihr Liakakis' Liste durchgesehen habt, dann können wir unser Vorgehen besprechen.«

Nach dem Telefonat gehe ich in die Küche, um meinen zweiten Mokka zu trinken und Adriani auf den neusten Stand zu bringen. Der Kaffee wartet schon auf mich, doch nicht so Adriani. Sie ist in der Zwischenzeit ins Wohnzimmer umgezogen, um zu stricken.

»Ah, da bist du ja endlich!«, meint sie. »Ich will dir unbedingt etwas zeigen. Komm, setz dich zu mir.« Sie macht mir auf dem Sofa Platz und wählt eine Nummer auf ihrem Handy. »Melpo, hast du einen Moment? – Schön!«

Sie drückt auf eine Taste, und auf dem Bildschirm erscheint Melpo mit unserem Enkel. Ich habe ihn seit fünf Tagen nicht mehr gesehen, und es kommt mir vor, als ob er schon wieder gewachsen wäre.

»Wie geht's dir, Lambros, mein Liebling?«, fragt Adriani.

»Hallo, Großer«, füge ich hinzu.

»Sag Hallo zu Opa und Oma«, meint Melpo zu ihm, und Lambros winkt uns zu.

»So sehe ich ihn jeden Tag, mit WhatsApp!«, erklärt mir Adriani. »Und jetzt schau mal her.« Sie wendet sich an Melpo. »Kannst du bitte Maß nehmen vom Hals bis zum Bauch?«

Melpo entrollt ein Messband in ihrer Hand und setzt es wie geheißen an, aber Lambros wehrt sich und dreht sich weg.

»Sei ein lieber Junge«, sagt Melpo zu ihm und hält ihn fest. »Nicht bewegen, damit ich messen und Oma dir einen wunderschönen Pulli stricken kann.«

Keine Ahnung, ob sie ihn geschickt festgehalten oder mit ihren Worten überzeugt hat, jedenfalls sitzt Lambros still, und Melpo kann in Ruhe das Massband anlegen.

»Schön, kannst du mir jetzt auch noch die Breite angeben? Plus etwas Spielraum, damit er reinwachsen kann.«

Melpo will erneut Maß nehmen, aber Lambros beginnt zu quengeln. »Schon gut, schon gut, ist ja vorbei!«, besänftigt ihn Melpo.

»Siehst du, wozu WhatsApp alles gut ist?«, triumphiert Adriani. »Damit kannst auch du unseren Enkel bewundern.«

Die Türklingel hindert mich daran, ihr meine Dankbarkeit zu bezeigen.

»Wer kann das sein?«, wundert sich Adriani, zieht die Maske an und steht auf, um nachzusehen.

Ich hatte noch keine Gelegenheit, ihr von der Einrichtung des Computers zu erzählen. Nachdem auch ich die Maske hervorgekramt habe, öffnet sie die Tür. Zwei Techniker mit Pappkartons stehen vor uns.

»Eigentlich dürften wir gar nicht hier sein«, sagt der eine. »Deshalb beeilen wir uns. Wo sollen wir das Gerät hinstellen?«

»Auf den Esstisch«, erwidert Adriani und sagt dann zu mir: »Den brauchen wir zurzeit nicht, und da hast du deine Ruhe.« Sie scheint begriffen zu haben, worum es geht.

Wir geleiten die beiden Männer zum Esstisch. Sie stellen den Laptop auf und schließen Kopfhörer an. Danach montieren sie ein Gerät oben am Bildschirm.

»Fertig!«, verkündet der eine Techniker. »Kommen Sie, damit wir Ihnen zeigen können, wie Sie sich verbinden und wie Sie an Konferenzen teilnehmen können.«

Ich fühle mich total überfordert, nehme aber brav auf dem Stuhl vor dem Bildschirm Platz. Adriani ist immer noch da und schaut uns zu. Der zweite Techniker zeigt mir, wie man sich einloggt. »Wenn Sie mit der Maustaste auf den ersten Link drücken, verbinden Sie sich mit der Dienststelle. Wenn Sie auf den zweiten Link drücken, mit dem Büro des Vizepolizeipräsidenten.« Dann fordert er mich auf, den Kopfhörer aufzusetzen.

»Hier sprechen Sie rein«, erläutert er und deutet auf ein Stäbchen, das aus dem Kopfhörer ragt. »Das ist das Mikrofon. Drücken Sie jetzt mit der Maustaste auf den ersten Link.«

Auf dem Bildschirm erscheint Koula mit Maske.

»Guten Tag, Herr Kommissar. Wie geht's? Alles in Ordnung bei Ihnen?«

»Hören Sie sie?«, will der Techniker wissen.

»Klar und deutlich.«

»Dann klappt es mit dem Hören. Sprechen Sie jetzt, um sicherzugehen, dass Sie gut zu verstehen sind.«

»Gesundheitlich geht es uns gut«, sage ich zu Koula und sehe, wie sie den Daumen hebt zum Zeichen, dass sie mich hört.

»Tadellos«, sagt der Techniker zufrieden. »Also, das dort oben ist die Kamera. Sehen Sie dieses Symbol auf dem Computerbildschirm? Wenn Sie mit der Maustaste darauf drücken, geht die Webcam an und aus. Ganz rechts sehen Sie Ihr eigenes Gesicht, so wie es von der Kamera aufgenommen wird. Wenn Sie sich selbst nicht sehen können, müssen Sie die Position der Kamera korrigieren.« Und er zeigt mir, was ich tun muss. »Lassen Sie uns alles noch einmal durchgehen, damit Sie alles auch sicher verstanden haben.«

Er klappt den Laptop zu, und ich führe jeden Schritt allein durch. Der Techniker ist zufrieden mit mir. Ich habe die Prüfung mit Auszeichnung bestanden.

»Hier sind mein Name und meine Handynummer. Rufen Sie mich einfach an, wenn es irgendwo hapert.« Er drückt mir einen Zettel mit seinen Kontaktdaten in die Hand.

Ich bin ganz erleichtert, dass ich mich so gut geschlagen habe, doch das Gefühl der Überforderung verlässt mich nicht.

»Ich hoffe, dass ich mich bei den Besprechungen an alles erinnere«, sage ich zu Adriani, als die Techniker gegangen sind.

»Deshalb bin ich bis zum Schluss geblieben: für den Fall, dass etwas schiefläuft. Vier Augen sehen mehr als zwei«, erklärt sie und kehrt zu ihrem Strickzeug zurück.

*

Als Erstes nehme ich mit der Dienststelle Kontakt auf. Der Fortgang der Ermittlungen hat Vorrang. Am liebsten würde ich der Pensionskasse der Polizei eine Geldspende überweisen, weil ich die Verbindung auf Anhieb herstellen konnte. Auf dem Bildschirm erscheint Koulas Gesicht.

»Ach, Sie sind das?«, wundere ich mich, da ich Dermitsakis erwartet habe.

»Bis die IT allen einen Zugang zum Konferenzsystem verschafft hat, landen Sie zuerst bei mir«, erläutert sie. »Askalidis und Dervissoglou ermitteln gerade, und Dermitsakis hat die Koordination übernommen. Ich bin für den Kontakt mit Ihnen zuständig.« Gleich danach fügt sie hinzu: »Ach, da ist Panos ja.«

Sie steht auf und überlässt Dermitsakis ihren Platz. »Guten Tag, Herr Kommissar. Schön, dass wir uns sehen und alles besprechen können«, bemerkt er.

»Lieber wäre mir, wir täten das in meinem Büro, aber es ist besser als nichts. Also, wie steht's?«

»Liakakis hat uns die Liste gegeben. Also, von Rechtsanwälten und Unternehmern bis hin zu Bankdirektoren und Fußballstars ist alles vertreten. Zwei Fälle stechen heraus: Mantelis, ein Bankdirektor, und Stoulas, der Name sagt Ihnen vielleicht etwas.«

»Wieso sollte er?«

»Weil er ein bekannter Fußballer ist.«

»Vielleicht kann mir mein Enkel, wenn er größer ist und wir zusammen ein Spiel schauen, etwas über Fußball beibringen. Ich kenne mich da überhaupt nicht aus. Warum habt ihr ausgerechnet die beiden herausgepickt?«

»Mantelis hatte für die Hochzeit seiner Tochter eine Riesenparty veranstaltet. Die Velakou hat es in den Abendnachrichten gebracht. Mantelis war völlig außer sich und hat den Chef des TV-Senders angerufen und verlangt, die Velakou von den Primetime-Nachrichten abzuziehen. Er hat ihm gedroht, dass er sonst Mittel und Wege hätte, dem Sender großen Schaden zuzufügen. Er sagte, er könnte die Werbeeinnahmen blockieren und den Zugang zur Finanzberichterstattung erschweren.«

Gedroht hat er vielleicht, aber von Drohung zu Mord ist es noch ein gewaltiger Schritt für einen Bankdirektor.

»Und der Fußballer?«

»Der hat noch heftiger reagiert. Vielleicht, weil ihm von seinem Club eine hohe Geldbuße aufgebrummt wurde. Jedenfalls hat die Velakou dem Nachrichtenchef erzählt, er hätte ihr mit seinem Auto den Weg versperrt, sei auf sie losgegangen und habe sie beschimpft. Sie solle ihre Nase nicht überall hineinstecken, das würde kein gutes Ende mit ihr nehmen.«

»Den sollten wir vernehmen«, sage ich zu Dermitsakis. »Bring ihn ins Präsidium, damit ich dabei sein kann, wenn auch nur digital.«

Dermitsakis' Bild erlischt mit einem Schlag, bevor wir einen Termin für die Befragung festlegen können.

»Was ist passiert? Warum ist die Verbindung abgebrochen?«, rufe ich in Panik. »Dermitsakis, kannst du mich hören?« Keine Antwort.

Adriani kommt aus dem Wohnzimmer und erblickt den dunklen Bildschirm. »Ruf den Techniker an«, rät sie mir.

Der Techniker sagt, er kläre das ab. Kurz darauf ruft er zurück und berichtet, in unserem Viertel sei das Internet ausgefallen. »Ich melde mich, sobald es wieder funktioniert.«

»Kein Wunder, wenn alle im Homeoffice sitzen«, bemerkt Adriani.

Ich rufe Dermitsakis auf dem Handy an und bitte ihn, die Vernehmung so lange aufzuschieben, bis das Internet wieder zur Verfügung steht. Dann setze ich mich zusammen mit Adriani ins Wohnzimmer, um mich nach so viel Aufregung ein bisschen zu beruhigen.

Nach circa einer Stunde meldet sich der Techniker mit der Nachricht, eine Verbindung sei wieder möglich. Sofort gehe ich zum Computer, gefolgt von Adriani. Ich klicke auf den Link, den man mir angegeben hat, und erblicke Koula. Offenbar kann sie mich aber nicht sehen. Ihr Gesicht ist ausdruckslos, und ihr Blick wandert umher.

»Koula kann mich nicht sehen!«, rufe ich verzweifelt.

»Warte«, sagt Adriani. Sie greift nach der Maus und drückt auf das Kamerasymbol. Dann deutet sie auf den oberen Rand des Bildschirms, wo ich das Viereck mit meinem Gesicht erkenne.

Koula lächelt mir zu. Sie beginnt zu sprechen, aber ich kann nicht hören, was sie sagt. »Sie sieht mich, aber ich höre sie nicht.«

»Nur Geduld, es wird schon«, meint Adriani dazu. Sie rüttelt am Verbindungskabel, dann rückt sie mir die Kopfhörer auf den Ohren zurecht.

»Ist Ihnen in der Quarantäne eine dritte Hand gewachsen, Herr Kommissar?«, spöttelt Koula.

»Nein, Adriani hat ein Händchen für die Technik, und das hat sie mir geliehen«, erwidere ich.

Dermitsakis nimmt jetzt Koulas Platz ein. »Stoulas ist bis zum Abend beim Training. Wir haben die Befragung auf morgen früh verlegt. Wir haben seine Adresse und lassen ihn mit dem Streifenwagen abholen.«

»Was ist mit Dervissoglou und Askalidis?«

»Sie sind noch unterwegs. Sobald sie eintreffen, melde ich mich mit ihrem Rapport.«

In der Zwischenzeit ist es Mittag, und Adriani deckt in der Küche den Tisch. Mit gesundem Appetit widmen wir uns dem Essen.

»Brauchst du den Computer gleich wieder?«, fragt sie, als wir fertig sind.

»Nein, warum?«

»Unsere Vorräte gehen zu Ende, und ich muss etwas beim Supermarkt bestellen.«

»Du bestellst übers Internet?«, frage ich erstaunt.

»Ja, Katerina hat mir gezeigt, wie's geht. Ich könnte es auch vom Handy aus, aber am Computer ist es mir lieber.«

Sie setzt sich an den Computer, während ich hinter ihr stehe. Sie ruft die Website des Supermarkts auf, sucht die Produkte aus und gibt die Bestellung auf. »Das war's. Sie werden morgen gebracht«, meint sie, als die Bestellung bestätigt ist.

»Also wirklich, Hut ab!«, sage ich.

»Wieso?«

»Seit wann bist du so ein As im Digitalen? Ich bin sprachlos.«

Sie wirft mir ein duldsames Lächeln zu. »Und, was nützt es mir? Ich bin nicht als Mann auf die

Welt gekommen und zum Hausfrauendasein verurteilt. Ich gehöre zu den Verlierern.«

Ich lache laut und rufe: »Endlich einmal gibst du zu, dass ich zu den Gewinnern gehöre!«

*

Das nächste digitale Meeting findet am frühen Abend statt. Anscheinend ist das System jetzt an der Dienststelle fertig eingerichtet, denn ich sehe nicht nur Koula, sondern jeden meiner Mitarbeiter in einem eigenen Fenster.

»Gibt's Neuigkeiten?«, will ich von ihnen wissen.

»Ja, eine gute Nachricht. Alles andere überprüfen wir noch«, antwortet Dermitsakis.

»Dann lasst mal die gute Neuigkeit hören.«

»Der Mitarbeiter eines Lieferdienstes hat sich bei uns gemeldet. Gestern Abend wollte er mit dem Motorrad in die Vassiliou-Straße einbiegen, um etwas abzuliefern, als ihm ein Wagen entgegengeschossen kam und seine Bahn geschnitten hat. Fast wären sie aufeinandergeprallt. Ein Stück weiter hat er eine Menschenansammlung gesehen, ihr aber keine Beachtung geschenkt. Als er heute die Nachrichten hörte, ließ ihm die Sache keine Ruhe mehr, und er hat uns angerufen.«

»Hat er sich die Automarke gemerkt?«

»Er meinte, es war ein altes Fiatmodell.«

»Und das Kennzeichen?«

»Das wäre wohl ein bisschen viel verlangt«, lacht Askalidis.

»Sonst noch Ermittlungsergebnisse?«, frage ich.

»Nur, dass die Velakou mit ihrem Ex Zoff hatte«, antwortet Dervissoglou.

»Die Velakou war eng mit einer Kollegin beim Sender befreundet«, fährt Askalidis fort. »Die hat uns erzählt, dass die Beziehung auseinanderging, als Konstantinos Zygos, der Ehemann, in Kanada einen tollen Job gefunden hat und mit der ganzen Familie auswandern wollte. Die Velakou war damit überhaupt nicht einverstanden. Sie haben sich tagtäglich gestritten und schließlich scheiden lassen. Zygos wollte durchsetzen, dass die Kinder in den Ferien zu ihm nach Kanada kommen, aber das kam für die Velakou überhaupt nicht infrage. Sie erzählte ihrer Freundin, ihr Ex-Mann würde inzwischen jeden Tag anrufen, aber nie mit ihr, sondern nur mit den Kindern reden.«

Interessantes Beziehungsdrama, aber eine Verbindung zum Mord kann ich nicht erkennen. Der Täter ist bestimmt unter denen zu finden, die von der Velakou bloßgestellt wurden.

Ich frage nach, um wie viel Uhr die Vernehmung

des Fußballers stattfinden wird, um mich am nächsten Morgen auf die Minute pünktlich am Bildschirm dazuzuschalten. Dann verbinde ich mich noch schnell mit dem Vizepolizeipräsidenten.

»Sie haben Glück im Unglück.«

»Wieso?«

»Weil Ihnen die Journalisten nicht ständig in den Ohren liegen. Vor denen haben Sie Ruhe, solange Sie in Quarantäne sind.«

Ich setze den Vizepolizeipräsidenten auf den neusten Stand und betrachte danach meinen Arbeitstag als beendet. Ich wechsle vom Esszimmer ins Wohnzimmer und finde dort zu meiner Freude Adriani vor, die über WhatsApp mit Katerina plaudert.

»Endlich kann ich meine Tochter mal wieder sehen!«, rufe ich ihr begeistert zu.

»Endlich hast du WhatsApp entdeckt!«, erwidert sie lachend.

»Deine Mutter könnte Visitenkarten drucken lassen mit der Berufsbezeichnung ›Gastronomie- und Digitalexpertin‹.«

Adriani stimmt nicht in unser Gelächter mit ein, sondern sitzt bloß still und zufrieden da. Wir tauschen uns aus über Lambros' neuste Fähigkeiten und Fanis' Stress im Krankenhaus.

Kaum haben wir aufgelegt, stelle ich den Fernseher an für die Nachrichtensendung. Ich bin gespannt, ob sie mit irgendeiner Neuigkeit aufwarten. Der Nachfolger der Velakou ist ein jüngerer Moderator. Er beginnt mit einer Zusammenfassung des Ermittlungsstandes, berichtet von den Drohungen gegen die Velakou, und dann lässt er die Bombe platzen. Es habe eine weitere Drohung gegen die Journalistin gegeben, und zwar vonseiten eines Aktienhändlers, der in einen Börsenskandal verwickelt war. Als der Fall publik wurde, habe der Aktienhändler die Velakou angerufen und Todesdrohungen ausgestoßen, wenn sie die Nachricht nicht widerrufe.

Mir platzt der Kragen. »Ist das zu fassen?«, sage ich empört zu Adriani, die neben mir Platz genommen hat. »Die Krümel haben sie uns hingeworfen, das Wichtigste aber haben sie verschwiegen, um die Bombe in der Nachrichtensendung zu zünden. Morgen sollte sich der Vizepolizeipräsident beim Leiter des TV-Senders beschweren. Vielleicht lassen sie sich dann herab und geben uns die Kontaktdaten des Aktienhändlers.«

Schon während ich tobe, wird mir klar, dass ich meinem Ärger vor der falschen Person Luft verschaffe, da ich abgeschnitten bin von der Dienststelle und vom Team.

Die Sendung fährt mit den Corona-News fort.

Ich schalte den Fernseher aus, und wir setzen uns zum Essen in die Küche.

*

»Dein erster Gedanke am Morgen wird auch der letzte am Abend sein«, heißt es. Das stimmt so nicht, zumindest nicht bei mir. Vorm Einschlafen geht mir der Aktienhändler nicht aus dem Kopf, und beim Aufwachen steht mir der Vizepolizeipräsident vor Augen.

Gleich nach dem ersten Kaffee setze ich mich an den Laptop und stelle die Verbindung zu ihm her. Er ist auf dem Laufenden, auch er hat die Nachrichtensendung gesehen. Auf meine Bitte, persönlich den Chef des TV-Senders anzurufen, geht er sofort ein.

»Ich melde mich, sobald ich mehr weiß.«

Ich harre auf meinem Platz vor dem Bildschirm aus, da der Fußballer bald eintreffen sollte. Doch es dauert fast eine Stunde, bis die Bildschirmfensterchen meiner Mitarbeiter aufleuchten.

»Habt ihr ihn abgeholt?«, frage ich.

»Nein, Askalidis wird es Ihnen erklären«, sagt Dermitsakis.

»Stoulas kann sie nicht getötet haben, Herr Kommissar.«

»Das erklären Sie mir am besten schnell, bevor ich sauer werde«, sage ich zu Askalidis.

»Am Tattag und zur Tatzeit, als die Velakou ermordet wurde, stand Stoulas auf dem Spielfeld. Sein Team spielte in der Champions League. Als Sie mit Dermitsakis die Befragung angeordnet haben, waren Fotis und ich unterwegs. Sonst hätte ich es Ihnen gleich gesagt.«

»Danke, Sie haben uns vor einem Fehltritt bewahrt«, antworte ich.

Das Hintertürchen mit dem Fußballer ist, kaum aufgegangen, schon wieder zu. Unsere einzige Hoffnung ist der Börsenmakler. Ich bleibe weiter an meinem Platz und warte auf Neues vom Vizepolizeipräsidenten.

Es dauert nicht lange, bis er mich am Bildschirm zurückruft. »Wie gewonnen, so zerronnen«, sagt er einleitend. »Ein Rechtsanwalt hat sich beim Leiter des TV-Senders gemeldet und angekündigt, der Börsenmakler habe vor, eine Klage wegen Verleumdung und Rufschädigung anzustrengen. Das macht es total unwahrscheinlich, dass er irgendetwas mit dem Mord an der Velakou zu tun hat.«

Nun wird mir das zweite Hintertürchen vor der Nase zugeschlagen, und ich stehe wieder am Nullpunkt. Das heißt, wir müssen die Nachforschungen auf weitere Personen ausweiten, die schon länger mit der TV-Moderatorin im Clinch lagen.

Ich springe von meinem Stuhl auf, da ich es vor dem Bildschirm nicht mehr aushalte, und gehe rüber ins Wohnzimmer. Adriani sitzt in ihrem Sessel und strickt.

»Ist Lambros' Pulli immer noch nicht fertig?«, frage ich sie, um auf andere Gedanken zu kommen.

»Handarbeiten brauchen ihre Zeit«, erwidert sie. »Außerdem stricke ich langsam, damit es länger dauert.«

»Wieso?«

»Erstens fühle ich mich dadurch unserem Enkel näher. Und zweitens: Je früher ich mit der Strickerei fertig bin, desto schneller muss ich mir einen neuen Zeitvertreib suchen.«

Offensichtlich haben Adriani und ich in unserer Isolation etwas gemeinsam: Ich probiere, den Mörder der Velakou in Widersprüche zu verstricken, und Adriani strickt für Lambros Pullover. »Dass wir uns da nur nicht verheddern«, denke ich mit bitterem Spott.

Dieser Gedanke beschert mir aus dem Nichts eine Eingebung. Ich eile zurück zum Computer, während ich hinter mir Adrianis Stimme höre: »Was für eine Tarantel hat dich denn gestochen?«

»Sagen Sie Dermitsakis, ich will sofort mit der befreundeten Kollegin der Velakou sprechen. Es ist dringend!«, sage ich zu Koula.

Vor lauter Ungeduld hält es mich kaum auf meinem Stuhl, und zum Glück dauert es nicht lang. Dermitsakis gibt mir die Handynummer der Journalistin und sagt, ich könne sie sofort erreichen. Ihr Name sei Loukia Tsakou.

Sie geht sofort ran. »Frau Tsakou, Sie haben meinem Kollegen vom schlechten Verhältnis zwischen Charis Velakou und ihrem Mann erzählt. Wann hatte sich die Situation besonders zugespitzt? Vor oder nach der Scheidung?«

»Sie hatten schon vor der Scheidung kein gutes Verhältnis mehr, aber Charis zufolge hat es sich weiter verschlechtert, als ihr Ex-Mann nach Kanada ging.«

»Wieso?«

»Weil Charis sich weigerte, die Kinder zu ihrem Vater fahren zu lassen. Sie bestand darauf, dass er die Kinder nur sehen darf, wenn er nach Athen kommt, und auch nur bei ihr zu Hause.«

»Hat sie Ihnen den Grund dafür genannt?«

Es folgt eine kleine Pause. »Charis hatte Angst, dass ihr Ex die Kinder in Kanada behalten würde«, sagt sie bedrückt.

»Was ist er denn von Beruf?«

»Er ist Physiotherapeut. Charis hat ihn so kennengelernt, sie war ganz begeistert von seinen Fähigkeiten, und er scheint ein gefragter Spezialist zu sein. Ich denke, deshalb hat er auch die Stelle in Kanada bekommen.«

Ich habe keine weiteren Fragen. Gleich nach dem Gespräch verbinde ich mich wieder mit dem Vizepolizeipräsidenten. »Haben Sie nicht erwähnt, dass Sie früher bei der Ausländerbehörde waren?«, frage ich ihn.

»Sie erinnern sich richtig.«

»Dann haben Sie bestimmt gute Kontakte zur Grenzpolizei. Ich möchte herausfinden, ob ein gewisser Konstantinos Zygos kürzlich in Griechenland eingereist ist.«

»Wer ist dieser Zygos?«

»Charis Velakous Ex-Mann und der Vater ihrer Kinder.«

»Ich rufe Sie an, sobald ich die Auskünfte eingeholt habe.«

Ich bleibe am Computer und versuche meine Gedanken zu sortieren. Bis jetzt haben wir den Täter unter den Personen gesucht, die mit der TV-Moderatorin Charis Velakou aneinandergeraten waren. Aber könnte nicht auch eine Auseinandersetzung zwischen den Eltern wegen der Kinder ein Mordmotiv sein?

Die Velakou weigerte sich nicht nur, die Kinder zu ihrem Vater nach Kanada auf Besuch zu schicken, sondern sie verhinderte auch, dass er etwas mit ihnen unternahm, wenn er nach Athen kam. Anscheinend fürchtete sie, Zygos könnte die Kinder in Kanada zurückbehalten oder einen Weg finden, sie zu entführen. Er wäre nicht der erste und auch nicht der letzte Vater, der töten würde, um seine Kinder zurückzubekommen.

Das könnte auch einen Mord aus nächster Nähe, wie von Stavropoulos beschrieben, erklären. Zygos wusste, wo seine Frau wohnte, er musste ihr nicht folgen. Urplötzlich stand er vor ihr, und noch bevor sie sich von der Überraschung erholen konnte, hatte er schon auf sie gefeuert, setzte sich ins Auto und verschwand.

Aber ich warte lieber noch die Informationen des Vizepolizeipräsidenten ab, bevor ich diese Theorie meinen Mitarbeitern unterbreite. Ich muss mich fast eine halbe Stunde gedulden.

»Konstantinos Zygos ist am Zwölften über den Eleftherios-Venizelos-Flughafen eingereist und hat am Siebzehnten das Land wieder verlassen«, erläutert er.

Ich lege ihm meine Theorie dar, und er hört mir wie immer genau zu. »Ja, aber er ist ohne die Kinder abgereist«, lautet sein Einwand.

»In ein paar Tagen wird er einen richterlichen Antrag auf Vormundschaft der Kinder stellen, da die Mutter verstorben ist, und sie dann zu sich nach Kanada holen.«

Er stimmt mir zu, aber das ist nur ein kleiner Trost. Wir werden Beweise vorlegen müssen, um ihm die Schuld nachzuweisen. Und das wird alles andere als einfach.

Ich berufe eine Besprechung mit meinen Leuten ein und wiederhole meine Theorie. »Der Mord ist am Sechzehnten um zehn Uhr abends geschehen. Er brauchte vier Tage für die Vorbereitung und ist am Tag nach der Tat abgeflogen.«

»Das passt alles zusammen!«, sagt Dermitsakis. »Und wir haben den Mörder unter den Leuten gesucht, die sich die Velakou mit der Nachrichtensendung zum Feind gemacht hat!«

»Ja, aber er musste einen Coronatest machen, um nach Kanada auszureisen«, meint Askalidis.

»Das ist einer der Gründe, warum er fünf Tage früher kam. Damit er den Test zweiundsiebzig Stunden vor dem Rückflug machen konnte«, erläutert ihm Dervissoglou.

»Wir sollten Dimitriou bitten, das Handy der Velakou zu überprüfen«, sagt Dermitsakis. »Vielleicht hat sie einen Anruf von Zygos erhalten, als er nach Athen kam.«

»Das könnt ihr gerne tun, aber ich halte es für unwahrscheinlich. Er wollte bestimmt nicht, dass jemand von seinem Aufenthalt in Athen Wind bekommt. Hier liegt auch das Problem«, erkläre ich ihnen. »Wir haben keine hinreichenden Beweise, um Zygos zu überführen. Die einzige Zeugenaussage stammt von dem Angestellten des Lieferdienstes, der einen alten Fiat gesehen hat. Wir müssen nach handfesten Fakten suchen. Und natürlich auch bei Interpol seine Auslieferung beantragen.«

*

»Am frühen Morgen zeigt sich der schöne Tag«, heißt es, und wenn diese Redewendung stimmt, dann wird es ein Tag voller Sonnenschein. Es ist zehn Uhr, als Dermitsakis mit einem breiten Lächeln auf dem Bildschirm erscheint.

»Soeben hat sich das Polizeirevier Filothei bei uns gemeldet, Herr Kommissar. Ein morgendlicher Jogger hat im Poulaki-Park ein verlassenes Auto beim Kinderspielplatz entdeckt und wutschnaubend die Polizei verständigt.«

»Was für ein Wagen ist es?«, frage ich, obwohl ich die Antwort kenne.

»Ein alter Fiat. Hier, bitte!« Das Gesicht von

Dermitsakis verschwindet plötzlich, und vor meinen Augen erscheint ein Foto des Autos.

»Fahrt an Ort und Stelle und benachrichtigt die Spurensicherung. Holt auch den Kurier, um festzustellen, ob das der Fiat war, der ihn fast gerammt hätte. Haltet mich auf dem Laufenden.«

Offenbar kennt Zygos die Gegend gut. Er ließ den Fiat am Kinderspielplatz stehen, der aufgrund der Coronamaßnahmen geschlossen ist. Durch den Park gehen derzeit bestimmt auch nur wenige. Abwartend sitze ich vor dem Laptop. Nur Koula ist im Präsidium zurückgeblieben. Alle fünf Minuten blicke ich auf die Uhr. Nach drei Stunden verkündet sie mir die erfreuliche Neuigkeit.

»Die anderen haben alle Informationen beisammen und sind gleich hier. Nur die Spurensicherung ist noch vor Ort, um den Wagen abzutransportieren.«

Am liebsten würde ich sie mit aufgeregten Fragen überschütten, aber ich beherrsche mich. Zum Glück muss ich nicht lange warten. Zehn Minuten später tauchen Dermitsakis und Dervissoglou auf dem Bildschirm auf.

»Es handelt sich zweifelsfrei um das Fahrzeug des Täters«, sagt Dermitsakis. »Der Kurier hat es wiedererkannt und sich an ein Detail erinnert. Der Fahrer hatte das Steuer herumgerissen, um ihm auszuweichen, und dabei einen Müllcontainer touchiert. Der Techniker der Spurensicherung hat tatsächlich Kratzspuren oberhalb des rechten Vorderrades gefunden.«

»Habt ihr herausgefunden, wem der Wagen gehört?«

»Ja, Dimitriou hat den Halter über das Kennzeichen eruiert. Der Wagen ist bei einem Autohändler registriert. Askalidis holt ihn gerade her. Der Kurier kommt morgen zur offiziellen Vernehmung.«

Die Aussage des Kuriers ist weniger dringlich als die des Autohändlers. Ich kann es kaum erwarten, mehr von ihm zu erfahren. Wenn herauskommt, dass Zygos den Wagen gekauft hat, und wenn der Kurier seine Beobachtung bestätigt, haben wir etwas gegen den Täter in der Hand.

»Gehört der Wagen, den wir im Poulaki-Park gefunden haben, Ihnen?«, frage ich den Autohändler, als er auf dem Bildschirm auftaucht.

»Nein, den habe ich kürzlich verkauft«, erwidert er. »Lassen Sie es mich erklären. Am Dreizehnten kam vormittags ein Typ, der ein Auto kaufen wollte, ein altes und preiswertes Modell. Er suchte sich den Fiat aus. Er behauptete, er hätte eine Menge dringender Besorgungen zu machen und wegen der Pandemie Angst, in einen Bus oder ein Taxi zu steigen. Da habe ich ihm bis zur Ummeldung den Fiat mit unserem Kennzeichen überlassen.«

»Haben Sie seine Personaldaten?«, fragt Dervissoglou.

»Sicher. Ich habe die Daten seines Personalausweises notiert und ihm gesagt, dass ein Kaufvertrag aufgesetzt werden muss. Er fragte mich nach einer Quittung und wollte den Kaufvertrag abholen, wenn er die Kennzeichen zurückbringt. Er war offenbar unter großem Zeitdruck«, fügt er hinzu und zeigt uns das Original des Quittungsblocks.

»Machen Sie eine Kopie der Quittung«, sage ich zu Koula und wende mich wieder an den Autohändler. »Wie hieß der Käufer?«

»Konstantinos Zygos. Ich habe die Daten von seinem Personalausweis dabei.«

Ich habe keine weitere Frage. »Schön, ich danke Ihnen. Wenn Sie Ihre Aussage unterschrieben haben, können Sie gehen.«

Als sich Koula mit dem Zeugen entfernt, wende ich mich an meine Mitarbeiter. »Ist die Tatwaffe gefunden?«, frage ich.

»Nein. Sie war nicht im Wagen. Wir haben die Mülleimer im Park durchsucht, aber dort war sie auch nicht.«

»Er muss sie woanders losgeworden sein. Vielleicht schon, bevor er den Fiat abgestellt hat«, schlussfolgert Askalidis.

Nur mit Glück werden wir sie finden. Oder vielleicht auch gar nicht. »Vervollständigen Sie die Akte, sobald wir die Aussage des Kuriers haben, und Koula soll mir einen Termin bei dem Interpolbeamten verschaffen, der für Nordamerika zuständig ist.«

Als dieser mich kontaktiert und auf meinem Bildschirm erscheint, erstatte ich ihm ausführlich Bericht mit allen verfügbaren Daten.

Er hört mir aufmerksam zu und sagt dann: »Wie Sie wissen, muss der Staatsanwalt einen internationalen Haftbefehl ausstellen. Vielleicht braucht die kanadische Interpol auch noch zusätzliche Daten. Jedenfalls wird sich die Sache hinziehen.«

»Ich weiß, deshalb will ich schnell handeln. Das Opfer ist eine sehr prominente Nachrichtenmoderatorin, und der Aufruhr um ihre Ermordung wird sich nicht so schnell legen.«

»Keine Sorge, wir bleiben in Kontakt.«

Wenn wir Glück haben und die Tatwaffe finden, wird alles einfacher. Zu guter Letzt muss ich auch noch den Vizepolizeipräsidenten über die jüngsten Entwicklungen ins Bild setzen. »Falls es irgendwo hakt, informieren Sie mich sofort. Dann greife ich ein.«

Wir müssen nur noch die Aussage des Kuriers aufnehmen, danach sind andere Akteure gefragt. Ich gehe hinüber ins Wohnzimmer, finde es aber leer vor. Adriani ist in der Küche.

»Was, du strickst gar nicht?«, wundere ich mich.

»Der Pulli ist fertig«, verkündet sie triumphierend.

»Kann ich ihn sehen?«

»Katerina war da und hat ihn an der Tür abgeholt. Sie ruft uns an, sobald unser Enkel ihn anhat. Dann können wir ihn bewundern.«

Wir verbringen die Wartezeit gemeinsam. Adriani schaut immer wieder aufs Handy, bis es endlich läutet. Auf dem Bildschirm erscheint Lambros in seinem Pullover.

»Bravo, Mama! Als hättest du ihm selbst Maß genommen. Er passt wie angegossen!«, hören wir Katerinas Stimme.

Der Pullover ist sehr hübsch geworden. »Glückwunsch! Du bist einsame Spitze im Stricken!«, sage ich zu ihr.

Adriani antwortet nicht. Ihr Blick mustert Lambros und den Pulli. »Ein bisschen zu groß ist er geraten«, lautet ihr Kommentar.

»Macht nichts, umso besser. Er wächst ja so schnell«, erwidert Katerina.

Adriani hat den Pullover fertig gestrickt, und

Lambros trägt ihn bereits. Ich habe den Mörder zwar in Widersprüche verstrickt, wann ich ihm jedoch Handschellen anlegen kann, ist unklar. Die verdammte Quarantäne ist schuld. Dadurch war ich gezwungen, die Ermittlungen von zu Hause aus zu führen. Und bei uns zu Hause ist mir Adriani immer um eine Nasenlänge voraus.

Mein Name ist Covid, und ich töte

*Dem Andenken von Nikos Koundouros
gewidmet und seinem Film* Mikres Afrodites

Nach so vielen Jahren im Polizeidienst habe ich mich immer noch nicht an die Anrufe gewöhnt, die mich mitten in der Nacht aus dem Schlaf reißen. Auch jetzt schrecke ich hoch.

Die Stimme am Telefon gehört Dermitsakis. »Herr Kommissar, gerade wurde uns ein Toter in der Korai-Straße in Jerakas gemeldet. Anscheinend …«

»Und deshalb weckst du mich?«, protestiere ich empört. »Ruf doch deine Kollegen für die Ermittlungen zu Hilfe! Mich könnt ihr morgen früh immer noch informieren.«

»Wir sind schon am Tatort«, erwidert er ruhig. »Aber es gibt zwei Gründe, warum ich Sie wecken muss.«

»Und welche?«

»Das Opfer heißt Aristidis Sachos. Er ist Virologe und Mitglied der Corona-Expertenkommission. Und außerdem sieht es so aus, als hätte der Täter eine Botschaft hinterlassen.«

»Und wie lautet die?«

»Das weiß ich noch nicht. Die Tatwaffe steckt im Rücken des Opfers, und am Messergriff befindet sich ein Notizzettel. Wir warten auf die Gerichtsmedizin und die Spurensicherung, bevor wir ihn anfassen und nachsehen, was darauf steht.«

Weitere Erklärungen sind überflüssig. »Gut, ich komme.«

Ich beginne mich anzuziehen, doch das Coronavirus hat mein Leben verändert. Jetzt muss ich, bevor ich zu einer Vernehmung fahre, selbst eine Vernehmung über mich ergehen lassen.

»Ist es denn unbedingt nötig, dass du persönlich hinfährst?«, murrt Adriani. »Lass doch deine Mitarbeiter das Gröbste erledigen, und am Morgen seht ihr weiter. Du bist Vizekriminaldirektor für die Region Attika, denkst aber immer noch wie ein Revierleiter.«

Ich versuche die Nerven zu bewahren und erkläre ihr, wer das Opfer ist. »Regierung und Medien werden morgen Kopf stehen. Wie soll ich mich rechtfertigen, wenn herauskommt, dass ich benachrichtigt wurde und im Bett geblieben bin?«

Mein Argument scheint sie zu überzeugen, sie sieht ein, dass ihr Patient nicht isoliert werden kann, aber sie ordnet vorbeugende Maßnahmen an. »Du fährst mit dem eigenen Auto und nicht im Streifenwagen.«

»Keine Sorge, ich nehme den Seat.«

»Hast du eine Maske dabei?«

»Ich habe immer eine im Auto.«

»Warte, ich gebe dir noch zwei mit, für alle Fälle.«

Beim Aufbruch frage ich mich, wann sie ein Fieberthermometer kauft und mir jedes Mal die Temperatur misst, wenn ich nach Hause komme.

Jerakas gehört nicht zu den Gegenden, die mir vertraut sind, daher starte ich vorsichtshalber mein Navi und komme damit auch fast bis zum Ziel. Doch dann kann ich links nicht in die Korai-Straße einbiegen, da die Straße mit einem Flatterband abgesperrt ist. Ich sage den Streifenwagenbeamten, wer ich bin, lasse den Seat stehen und gehe zu Fuß zu der Stelle, wo sich meine Mitarbeiter und die anderen Teams versammelt haben. Als mich Dermitsakis erblickt, eilt er auf mich zu und geleitet mich zum Tatort. Das Opfer liegt mit einem Messer im Nacken bäuchlings auf dem Gehsteig.

»Wurde er von hinten angegriffen und erstochen?«, frage ich.

»Nein«, antwortet Dimitriou von der Spurensicherung, der in der Nähe steht. »Das Opfer war zu Fuß hier auf dem Gehsteig unterwegs, und der Täter hat ihn von hinten mit einem Motorrad angefahren. Erst nachdem das Opfer gestürzt war, erfolgte der tödliche Messerstich in den Nacken. Wenn Sie genau hinschauen, können Sie die Reifenspuren des Motorrads erkennen.«

Er deutet auf die Stelle, aber die Straße ist nur schwach beleuchtet, und mit bloßem Auge ist für mich nichts zu sehen. Auf den ersten Blick ähnelt die Tatwaffe einem ganz normalen Messer, das man in jedem Kramladen in der Athinas-Straße finden kann. Mein Blick fällt auf den Zettel, der mit Klebeband am Griff befestigt ist.

»Das ist der Zettel, den du lieber nicht anrühren wolltest?«, frage ich Dermitsakis. »Weil er eine Botschaft oder ein Bekennerschreiben sein könnte?«

»Genau. Wir wollten mit dem Ablösen auf Sie warten.«

Dimitriou reicht mir ein Paar Wegwerfhandschuhe und ruft einen seiner Techniker, der das Klebeband befeuchtet und ablöst. Dimitriou bedeutet ihm, dass er mir den Zettel überreichen soll.

Nachdem ich mir die Handschuhe übergezogen habe, nehme ich das Papier in Empfang und falte es vorsichtig auseinander. Auf dem Zettel steht nur ein Satz: »Mein Name ist Covid, und ich töte.« Ich lese ihn noch einmal, um sicherzugehen, dass ich mich nicht verlesen habe. Dann drehe ich ihn zu den anderen hin, damit auch sie das Statement sehen können.

»Das Werk eines Verrückten«, lautet Dimitrious Kommentar.

»Gibt es Zeugen, die das Motorrad beschreiben können oder sich sogar das Kennzeichen notiert haben?«, frage ich Dermitsakis.

»Nein, abgesehen von Opfer und Täter scheint niemand auf der Straße unterwegs gewesen zu sein. Ein anonymer Anrufer hat die Polizei informiert.«

Das Gespräch wird durch das Eintreffen von Dervissoglou und Askalidis unterbrochen. »Was gibt's? Habt ihr etwas herausgekriegt?«, fragt Dermitsakis.

»Ja, Sachos war geschieden und lebte allein. Er hat zwei Söhne, die im Ausland studieren«, antwortet Askalidis.

»Weiß man, an welchem Krankenhaus er gearbeitet hat?«

»Im Allgemeinen Krankenhaus Nikea.«

»Dort ermittelt ihr morgen«, sage ich zu ihnen. Und ich werde mit meinen Vorgesetzten und dem Minister konferieren müssen.

Vorläufig steht nichts weiter an. Ich übergebe Dimitriou den Notizzettel und bitte ihn, mir eine

Kopie ins Büro zu schicken, bevor ich in meinen Wagen steige.

Auf der ganzen Fahrt lässt mich die Signatur des Täters nicht los. Höchstwahrscheinlich haben wir es tatsächlich mit einem Verrückten zu tun. Und Psychopathen sind für die Ermittler das Schlimmste.

*

Jeden Morgen fahre ich Adriani zu Katerinas Wohnung, da sie unseren Enkel Lambros während der Pandemie ganztägig betreut. Heute erzähle ich ihr auf der Fahrt von der Ermordung des Virologen.

Zu meiner großen Überraschung reagiert sie ganz freudig. »Unsterbliches Griechenland, wieder einmal haben wir die Nase vorn! Wir haben das Virus entdeckt, das durch Messerstich tötet.«

Das Faszinierende an Adriani ist, dass man nie weiß, wie ihre Reaktionen ausfallen. Jedes Mal ist man aufs Neue überrascht. Ich setze sie vor dem Eingang zu Katerinas Wohnhaus ab. Dann gebe ich Koula Bescheid, dass ich zur Katechaki-Straße fahre, um dem Vizepolizeipräsidenten Bericht zu erstatten, und dass sie ihm gleich das Foto der Covid-Signatur zuschicken soll.

Er erwartet mich schon in seinem Büro. Wir tippen die Ellenbogen aneinander – was mich an das Eierpecken zu Ostern erinnert – und setzen uns, bevor ich ihn auf den neusten Stand bringe. Inzwischen ist auch das Foto der Covid-Signatur eingetroffen.

»Was halten Sie davon?«, fragt er mich. »Es ist weder eine Erklärung noch ein Bekennerschreiben. Es ist eher eine Art Visitenkarte, mit der er sich uns vorstellt.«

»Und wenn er sich uns vorstellt, heißt das vermutlich, dass er weitermachen will.«

»Aber warum? Worauf will er hinaus?«, fragt sich der Vizepolizeipräsident. »Will er die Virologen beiseiteräumen, damit sich das Virus ungehindert und ohne Schutzmaßnahmen verbreiten kann?«

»Wenn er darauf aus ist, Virologen zu töten, um das Gesundheitssystem zum Einsturz zu bringen, dann führt uns eine Überwachung der Expertenkommission am schnellsten ans Ziel. Wenn er jedoch tötet, um die Bürger in Angst und Schrecken zu versetzen, wird die Sache kompliziert. Wir sollten uns mit den Ärzten der Corona-Expertenkommission zu einem Gespräch treffen.«

»Der Polizeipräsident hat sich darum gekümmert. Nach seiner Besprechung mit dem Minister werden wir mit ihnen reden können.«

Nach einer knappen Stunde ruft uns der Polizeipräsident zu sich. Die drei Virologen, die durch ihren täglichen TV-Auftritt im Fernsehen griechenlandweit bekannt sind, sitzen bei ihm im Büro.

»Aristidis' gewaltsamer Tod hat uns erschüttert«, ergreift einer der drei das Wort. »Wirklich tief erschüttert.«

»Wir wussten ja, dass die von uns vorgeschlagenen Maßnahmen vielen Leuten gegen den Strich gehen. Aber keiner von uns konnte sich vorstellen, dass jemand deswegen zum Mörder wird«, fügt ein anderer hinzu.

»Hat er erzählt, dass er bedroht würde?«, frage ich.

»Mir gegenüber hat er keine Drohungen erwähnt. Bei unserem gestrigen Treffen war er gut gelaunt und hat Späßchen gemacht.« Die anderen beiden stimmen dem Sprecher zu.

»Haben Sie je Drohanrufe oder Ähnliches erhalten?«, will der Vizepolizeipräsident wissen.

Sie verneinen die Frage. »Nur im Internet sind wir mit Hasskommentaren konfrontiert«, fügt der dritte hinzu, der bis jetzt geschwiegen hat.

Damit sind vorerst alle Fragen beantwortet. Die drei Experten erheben sich. Der erste hält an der Bürotür inne. »Wir hoffen, dass Sie Aristidis' Mörder schnell fassen«, meint er zum Abschied.

»Glauben Sie, dass es bald einen Impfstoff gegen Corona gibt?«, fragt ihn der Polizeipräsident.

»Wir hoffen es, aber sicher sind wir nicht«, erwidert der zweite.

»So ergeht es uns auch mit der Ergreifung des Mörders. Wir hoffen es, aber sicher sind wir nicht.«

Höflich und verständnisvoll lächelnd entfernen sie sich. Kurz darauf mache auch ich mich auf den Weg.

Im Büro erwartet mich mein Team mit leeren Händen. Im Krankenhaus, in dem Sachos arbeitete, war aus Ärzten und Pflegepersonal kein einziger interessanter Hinweis herauszukriegen. Und der Obduktionsbericht bestätigt auch nur das, was schon mit bloßem Auge erkennbar war. Es ist einer jener fürchterlichen Tage, an denen man auf der Stelle tritt und die Nerven blankliegen.

Gegen fünf halte ich es nicht mehr aus und beschließe, Feierabend zu machen. Ich überlege mir, endlich mal wieder unseren Enkel zu besuchen, aber ich verwerfe den Gedanken sofort. Adriani hat mir drakonische Maßnahmen auferlegt, wenn ich von der Dienststelle zu ihm will. Ich muss erst nach Hause, duschen, mich umziehen, sogar die Unterwäsche muss ich wechseln, und erst dann darf ich zu Besuch kommen.

Normalerweise folge ich den Anweisungen meiner häuslichen Epidemiologin, aber heute fehlt mir die Kraft für eine zusätzliche Tour. Deshalb bleibe ich zu Hause, setze mich vor den Fernseher und verfolge den nicht abreißenden Strom von Gästen, die Aristidis Sachos' Leistungen lobpreisen. Man merkt, dass auch die Journalisten nicht mehr wissen als wir und versuchen, irgendwie die Sendezeit zu füllen.

Adriani kommt gegen neun. »Bist du geduscht?«, lautet ihre erste Frage.

»Ja, und umgezogen auch.«

Erst nachdem sie einen Blick in den Wäschekorb geworfen hat, um sich von der Richtigkeit meiner Aussage zu überzeugen, deckt sie den Tisch. Während des Essens erzählt sie mir die jüngsten Neuigkeiten von unserem Enkel.

»Es ist unglaublich, wie er sich entwickelt, jeden Tag entdeckt oder lernt er etwas Neues.«

»Hör auf, das macht mich ganz wütend.«

»Wieso?«, wundert sie sich.

»Weil ich ihn am liebsten jeden Tag sehen würde. Aber mit diesem Virus ist alles so kompliziert.«

Ich freue mich über Lambros' Fortschritte, und dennoch fühle ich mich erschöpft. Ich gehe früh ins Bett, und Adriani nimmt meinen Platz vorm Fernseher ein.

*

Am nächsten Morgen trifft überraschend ein Paket bei mir im Büro ein. Meine Assistentin Stella überbringt es mir.

»Das kommt vom Empfang. Es ist von einem Kurierdienst abgegeben worden«, sagt sie. »Schon durchgecheckt«, fügt sie hinzu und meint damit, dass es auf Sprengstoff überprüft wurde.

Ich schaue auf den Absendernamen: Apostolos Karatis. Ich lese die Adresse, und mir bleibt die Spucke weg. Da steht: Korai-Straße in Jerakas. Noch bevor ich das Paket geöffnet habe, ist mir klar, dass der Mörder ein Spielchen mit uns spielt.

In der Pappschachtel befindet sich ein Briefumschlag, auf dem steht: »Für Kommissar Kostas Charitos«. Vorsichtig mache ich ihn mit einem Brieföffner auf und ziehe eine bedruckte Seite im A4-Format heraus. Ich kontrolliere das Datum. Es stammt vom Tattag.

Herr Kommissar,
mein Name ist Covid, und ich töte. Ich habe mich bereits an dem Abend vorgestellt, als ich Aristidis Sachos ums Leben gebracht habe. Heute schreibe ich Ihnen, welches meine Beweggründe dafür waren.

Ich habe ihn wegen seiner Arroganz getötet. Er

wollte päpstlicher sein als der Papst. Er war so unverschämt, die Leute noch schlimmer zu terrorisieren als ich.

Zuletzt lebte ich bei einem fünfzigjährigen Mann, der in Quarantäne musste. Tagsüber kamen wir gut miteinander aus. Er wusste, dass ich bei ihm war, aber das störte ihn nur bedingt. Doch seine Haltung änderte sich, sobald die Nachrichtensendung anfing, die Spezialisten auftraten und durch ihre Ansichten Terror ausübten.

Er geriet in Panik. Es war, als hätte man ihm gesagt: Es gibt unendlich viele Krankheiten, du hast die Qual der Wahl. Aber stirb bloß nicht am Coronavirus, mit dem du zusammenwohnst. Es darf dich auf keinen Fall umbringen, lieber lebst du als psychisches Wrack weiter.

Schließlich beschloss ich, den Spezialisten zu töten, um dieser ganzen Schreckensherrschaft ein Ende zu bereiten, die mir auf unlautere Weise Konkurrenz macht.

Ich habe nichts dagegen, dass mein Brief veröffentlicht wird. Ich garantiere Ihnen, dass ich keine Anzeige wegen Missachtung meiner Privatsphäre erstatten werde.

Hochachtungsvoll,
Covid, der Mörder

Ich lese mir den Brief noch zwei weitere Male durch. Ein zweites Mal, weil ich meinen Augen nicht traue, und ein drittes Mal, damit ich nichts übersehe. Dann bitte ich Stella, den Brief zu kopieren und mein Team zusammenzurufen.

In der Zwischenzeit erstatte ich beim Vizepolizeipräsidenten telefonisch Bericht. »Ich schicke Ihnen den Brief. Wir sollten uns sprechen, sobald Sie ihn gelesen haben.«

Stella bringt mir die Kopien. Kurz darauf erscheint das vollzählige Team. Ich lege ihnen den Brief vor. Die Lektüre verschlägt meinen Mitarbeitern dermaßen die Sprache, dass sie einige Minuten still dasitzen. Ich nutze den Moment, um Koula aufzutragen, dem Vizepolizeipräsidenten eine Kopie zu schicken.

Als Koula nicht mehr im Raum ist, fängt sich Askalidis als Erster. »Wer setzt sich denn mit Covid gleich, bringt aber den Tod nicht als Virus, sondern mit einem Messer?«

»Wundern wir uns nicht lang, sondern konzentrieren wir uns lieber auf die Ermittlungen«, wende ich ein und greife nach der Pappschachtel, in der der Brief steckte. »Ich möchte, dass ihr zu dem Kurierdienst fahrt und mit der Person sprecht, die das Paket in Empfang genommen hat. Vielleicht kann sie uns eine Beschreibung des Absenders

geben, die uns weiterhilft. Der Name und die An-
schrift, die er verwendet hat, sind mit Sicherheit
falsch.«

Askalidis nimmt sich der Sache an. Mit dem
Karton unterm Arm macht er sich auf den Weg.
Dann wende ich mich an Dervissoglou und Dermi-
tsakis.

»Wer könnte sich als Covid bezeichnen und in
seinem Namen töten? Habt ihr irgendeine Idee?«,
frage ich.

»Vielleicht jemand, dem die Nerven durchge-
gangen sind, weil er in Quarantäne musste. Noch
während oder sofort nach Ablauf der vierzehn
Tage hat er den Epidemiologen umgebracht, der in
seinen Augen schuld an der Maßnahme war«, sagt
Dervissoglou.

Dermitsakis wirft ein: »Oder es ist jemand, der
auf der Intensivstation am Beatmungsgerät ge-
hangen hat und durch die Hölle gegangen ist.
Nach seiner Entlassung beschließt er, sich zu
rächen.«

»Beides könnte sein«, sage ich. »Nur wissen wir
nicht, was wahrscheinlicher ist. Das ist das Problem daran. Wir müssen zuerst Hinweise sammeln,
um zu entscheiden, in welche Richtung wir ermitteln wollen.«

»Einverstanden, aber wie?«, fragt sich Dervissoglou. »Wenn wir wenigstens eine Zeugenaussage oder eine Auskunft zum Motorrad des Täters hätten, dann könnten wir da ansetzen. Aber wir haben keinen einzigen Anhaltspunkt.«

»Warten wir ab, ob wir von den Angestellten beim Kurierdienst etwas erfahren«, sagt Dermitsakis mit dem Gesichtsausdruck eines Ertrinkenden, der sich an einen Strohhalm klammert.

Wie gewonnen, so zerronnen, wie man so schön sagt. Askalidis kommt eine halbe Stunde später mit hängenden Mundwinkeln zurück. »Der Absender des Pakets trug Maske«, berichtet er. »Das Einzige, was dem Angestellten aufgefallen ist, waren seine kurzgeschnittenen dunklen Haare.«

Bis zum Ausbruch der Pandemie war man automatisch verdächtig, wenn man sich maskierte. Heute bezahlt man ein Bußgeld, wenn man keine Maske trägt. Wie soll man da ermitteln, wenn man die Verdächtigen von den gesetzestreuen Bürgern nicht mehr unterscheiden kann!

»Lasst die Kopien des Briefes hier, bevor ihr geht«, erkläre ich meinen Leuten. »Und sagt Koula, sie solle sie vernichten. Der Brief darf auf keinen Fall an die Öffentlichkeit dringen. Und zwar aus einem ganz einfachen Grund: Vielleicht wartet der Täter darauf, dass wir den Brief den Medien übergeben. Tun wir das aber nicht, macht er es womög-

lich selbst und liefert uns dadurch einen Anhaltspunkt.«

Es ist, als hätte der Vizepolizeipräsident den
Abgang meines Teams abgewartet, denn kaum sind
sie weg, habe ich ihn in der Leitung. »Das ganze
Polizeikorps ist stolz auf Sie!«, sind seine ersten
Worte.

»Das ehrt mich außerordentlich, aber wieso?«,
wundere ich mich.

»Weil Sie der einzige Polizeibeamte sind, der
vom Mörder direkt benachrichtigt wird. Und noch
dazu schriftlich!«

Wir müssen beide lachen, doch gleich darauf
wiederhole ich meine Warnung, dass der Inhalt des
Briefs nicht an die Medien durchsickern sollte. Er
versichert mir, dass nichts nach außen gelangen
wird. Aber natürlich will er wissen, wie die Chan-
cen stehen, den Mörder zu finden.

Ich setze ihm auseinander, wo die Knackpunkte
liegen. Im Verlauf des Gesprächs nimmt jedoch
langsam eine Idee in meinem Kopf Gestalt an, die
uns vielleicht etwas weiterbringt. Den Vizepolizeipräsidenten will ich nicht sofort einweihen. Lieber
denke ich den Gedanken erst mal allein zu Ende.

Meine Idee ist, mit meinem Schwiegersohn Fanis
zu sprechen. Er ist Arzt am Allgemeinen Staat-
lichen Krankenhaus Athen. Als Kardiologe hat er

bestimmt einen Eindruck von den Patienten gewonnen, die aufgrund einer Corona-Infektion im Krankenhaus liegen, und kann mir einen Tipp geben, in welche Richtung ich suchen soll und was ich mir sparen kann.

Zunächst rufe ich meine Tochter Katerina an, um zu erfahren, ob Fanis Nachtdienst hat. Sie verneint, was bedeutet, dass er gegen sechs Uhr zu Hause ist. Ich überlege, wie lange ich für eine Dusche bei uns daheim brauche, und schlage noch eine halbe Stunde für meinen Enkel drauf. Ein Blick auf die Uhr sagt mir, dass es höchste Zeit ist, Schluss zu machen und loszufahren.

Geschniegelt und gestriegelt, wie man früher gern sagte, mache ich mich nach der erfrischenden Dusche auf den Weg zu meiner Tochter. Adriani empfängt mich mit unserem Enkel. Lambros hat inzwischen gelernt, die zweite Silbe des Wortes Opa auszusprechen, er sagt »Pa-Pa« und streckt mir seine Ärmchen entgegen. Ich nehme ihn auf den Arm, darf ihn aber nicht küssen. Zum Trost mache ich ein paar Scherze, die ihn zum Lachen bringen.

Zum Glück kommt mein Schwiegersohn schon nach einer halben Stunde. Mein Enkel wechselt in die Arme seines Vaters, der wie ich Maske trägt, aber sobald der Kleine zurück bei seiner Oma ist, legt er sie ab. Sofort folge ich seinem Beispiel. Adriani reagiert pikiert. Sie besteht darauf, dass ich auch in der Wohnung meiner Tochter Maske trage, wagt aber nicht, dem Arzt in der Familie zu widersprechen.

Ich erkläre Fanis den Grund meines Besuchs und was ich genau mit ihm besprechen will. Er hört mir zu, ohne mir ins Wort zu fallen.

»Ich glaube, du solltest dich auf die Leute konzentrieren, die in Quarantäne müssen«, sagt er, als ich zu Ende gesprochen habe. »Es hat keinen Sinn, deine Zeit mit den Menschen zu verlieren, die aus der Intensivstation entlassen wurden.«

»Warum?«

»Weil alle, die eine schwere Infektion überstanden haben, erschöpft sind, an verschiedensten Folgeerkrankungen leiden und lange rekonvaleszent sind. Manche haben kaum die Kraft, sich zu bewegen, selbst in der Wohnung. Wie sollten sie da auf ein Motorrad steigen und einen Mord begehen? Bei den Leuten, die in Quarantäne müssen, sieht es anders aus. Bei vielen handelt es sich um eine vorbeugende Maßnahme, manche haben überhaupt keine Symptome. Die sind, falls sie trotz Quarantäne ihr Haus verlassen, zu allem in der Lage.«

»Du rätst mir also, die Ermittlungen auf diese Personen zu beschränken?«

»Genau. Mit den Ex-Patienten aus der Intensivstation vertust du nur deine Zeit.«

»Und wo finde ich eine Liste der Personen, die sich in Attika in Quarantäne befinden?«

»Bei der Griechischen Gesundheitsbehörde. Die Zahl der Fälle ist noch niedrig, und die Liste wird nicht allzu lang sein.«

Katerinas Eintreten beendet unsere Besprechung. Das Familienleben mit dem Enkel im Mittelpunkt rückt alles andere in den Hintergrund. Seit dem Auftreten der Pandemie kommt es nur noch selten vor, dass wir gut gelaunt beisammen sein können.

Die gute Laune hält noch an, als wir nach Hause kommen. »Gib mir deine Kleider, ich hänge sie zum Auslüften auf den Balkon«, sagt Adriani zu mir. »Eine Maschinenwäsche ist nicht nötig. Das fehlte noch, dass uns ein Abend mit unserer Tochter gefährlich wird!«

Als ich am nächsten Tag auf der Dienststelle eintreffe, bitte ich Stella, mir den Namen und die Telefonnummer des zuständigen Abteilungsleiters der Griechischen Gesundheitsbehörde herauszusuchen. Ich melde mich persönlich bei ihm und erläutere mein Anliegen.

»Ich schicke Ihnen gleich per E-Mail die Liste der Personen, die sich in Attika in Quarantäne befinden.«

Wenige Minuten später liegt die Liste auf meinem Schreibtisch. Erfreut stelle ich fest, dass sie nach Bezirken gegliedert ist. Ich rufe mein Team inklusive Koula zu mir und fasse kurz mein Gespräch mit Fanis zusammen. Dann übergebe ich ihnen die Liste.

»Die Quarantänehotels könnt ihr weglassen, konzentriert euch auf Wohnblocks und Apartments«, sage ich.

»Schließen Sie aus, dass er in einem Quarantänezentrum sitzt?«, will Askalidis von mir wissen.

»Covid sagt in seinem Brief, dass er allein mit einem Typen in Quarantäne lebt. Das kann nicht in einem Zentrum sein.«

»Das heißt, wir klappern die Wohnblocks ab«, schlussfolgert Dermitsakis.

»Ja, aber geht diskret vor. Nehmt keinen Kontakt mit den Leuten in Quarantäne auf. Momentan haben wir keinen Hinweis auf den Täter. Nicht dass ihr ihn aus Versehen aufscheucht. Ihr befragt die anderen Mieter und eventuell die Kioskbesitzer in der Nähe. Uns interessiert, ob jemand die Quarantäne nicht einhält und ob einer davon ein Motorrad besitzt.«

Wir beschließen, dass sie in Zweierteams ermitteln und mit den Wohnvierteln im Athener Zentrum beginnen sollen. Als meine Mitarbeiter gegangen sind, gebe ich dem Vizepolizeipräsidenten Bescheid, und die Warterei beginnt.

Sie dauert bis zum Nachmittag. Als Erste treffen Dervissoglou und Koula und kurz darauf Dermitsakis und Askalidis ein. Die Erkenntnisse der beiden Gruppen decken sich.

»Fifty-fifty«, sagt Dermitsakis zu mir.

»Was heißt das?«

»Jeder Zweite bricht die Quarantäne.«

»Und was ist mit den Motorrädern?«

»Der gleiche Prozentsatz, beinah jeder Zweite«, antwortet Koula.

»Wir haben alles auf der Liste vermerkt«, ergänzt Askalidis. »Wer die Quarantäne bricht und wer ein Motorrad hat.«

Alles andere verschieben wir auf morgen, und ich mache mich auf den Heimweg.

Zu meiner großen Überraschung finde ich Adriani vor dem Fernseher vor. »Was, so früh zu Hause?«, wundere ich mich.

»Katerina hatte ein Treffen am frühen Nachmittag und ist dann nicht mehr ins Büro zurückgekehrt«, erklärt sie mir. Spontan deutet sie auf den Fernsehschirm und schimpft los. »Sind diese Leute noch richtig im Kopf?«, fragt sie ganz außer sich.

»Wer denn?«

»Diese Idioten, die behaupten, dass es kein Coronavirus gibt und alles eine Verschwörung ist.«

Als ich mich dem Bildschirm nähere, erblicke ich eine Menschenmenge, die sich auf dem Monastiraki-Platz versammelt hat. Ein junger Mann droht mit der Faust und ruft, das Virus sei eine Lüge, die sich gewisse Leute ausgedacht hätten, um uns Angst einzujagen. Sie würden uns einen Chip einbauen, damit sie mit uns machen könnten, was sie wollten. Eine Gruppe wütender Menschen um ihn herum applaudiert und ruft Parolen.

Schon den ganzen Tag lang befasse ich mich mit dem Coronavirus und habe keine Lust, auch noch in der Nachrichtensendung damit belästigt zu werden. Lieber verschwinde ich kurz ins Bad, in der Hoffnung, dass das Thema abgehakt ist, wenn ich wieder zurück bin.

Und tatsächlich, als ich erneut das Wohnzimmer betrete, haben wir das Festland verlassen und befinden uns auf hoher See. Die Sendung befasst sich jetzt mit dem Festlandsockel im Mittelmeer und den Grenzstreitigkeiten zwischen Griechenland und der Türkei, was Adriani, die im gebirgigen Epirus geboren ist, wiederum kaum interessiert. Stattdessen geht sie Abendessen kochen.

*

Routinearbeiten sind immer kraftraubend. Aber sie werden unerträglich, wenn man weiß, dass sie einem nichts bringen. Das ist der Fall bei unseren jetzigen Ermittlungen. Wir wissen zwar, was zu tun ist, erwarten uns aber kein Resultat. Mit diesem Gefühl betrete ich mein Büro. Ich warte auf die Rückkehr meiner Mitarbeiter und ihren Bericht, obwohl ich mir sicher bin, dass bei den Nachforschungen nichts herauskommen wird.

Doch es kommt anders als gedacht. Das Warten auf das vorhersehbare Ergebnis hat verfrüht ein Ende, denn die Einsatzzentrale meldet sich.

»Bei uns ist ein Anruf eingegangen, Herr Kommissar. An einem Hauseingang in der Avissynias-Straße, in der Nähe des gleichnamigen Platzes, liegt ein toter junger Mann.«

»Wer ist der Anrufer?«

»Ein Lokalbesitzer aus dem Viertel.«

»Das Polizeirevier Omonia-Platz soll die Gegend sofort abriegeln und mich dann kontaktieren.«

Nachdem ich aufgelegt habe, bitte ich Stella, meine Leute von den aktuellen Ermittlungen zurückzurufen. Danach kontaktiere ich Dimitriou von der Spurensicherung und ersuche ihn, mit seiner Mannschaft sofort zum Tatort zu fahren.

Eine halbe Stunde später treffen meine Mitarbeiter bei mir im Büro ein, und ich bringe sie auf den neusten Stand. Und auch ich werde meinerseits auf den neusten Stand gebracht, als der Revierleiter vom Omonia-Platz anruft.

»Das Opfer ist ein junger Mann um die fünfundzwanzig«, informiert er mich. Danach lässt er die Bombe platzen. »Ich befürchte, dass es sich um das zweite Opfer des Mörders handelt, der vor ein paar Tagen den Arzt erstochen hat.« Wie zum Trost fügt er hinzu: »Hoffentlich liege ich falsch.«

»Woraus schließen Sie das?«, frage ich.

»Die Tatwaffe ist wieder ein Messer. Zugestochen wurde wieder am Rücken auf der Höhe des Herzens. Am Messergriff befindet sich ein zusammengefalteter Zettel. Wie ich erfahren habe, klebte beim letzten Mord an der gleichen Stelle auch so eine Nachricht.«

Ich berichte, was passiert ist, meinem Team, das die Nachricht genauso entsetzt und traurig wie ich zur Kenntnis nimmt. Wir brechen mit zwei Streifenwagen zum Tatort auf. Ich nehme in einem der beiden Platz, Adrianis Ratschlag, nicht immer gleich selbst den Ort des Verbrechens zu inspizieren, kann ich jetzt unmöglich befolgen.

Die Avissynias-Straße ist abgesperrt. Wir gehen zu Fuß weiter, bis wir zur offen stehenden Tür eines alten Hauses kommen. Das Opfer liegt halb drinnen, halb draußen. Offenbar wurde er vor dem Haus getötet. Danach versetzte der Täter der Tür einen Tritt – man muss kein Bodybuilder sein, um sie aufzubekommen – und hat den Oberkörper des Toten hineingeschoben, während der Unterkörper draußen blieb. So wie er daliegt, sieht er aus wie einer, der im Drogenrausch zusammengebrochen ist.

Ich gehe nach drinnen, um den Toten genauer zu betrachten. Der Messerstich sitzt an der vom Revierleiter beschriebenen Stelle, und auch der angeklebte Zettel am unteren Ende des Griffs. Meine – wenn auch nur geringe – Hoffnung, dass es sich um einen anderen Täter handeln könnte, erweist sich angesichts der Tatwaffe als illusorisch. Es ist das gleiche Modell wie beim letzten Mord, nur der Griff ist andersfarbig. Das bestätigt mir auch Dimitriou, der sich das Ganze von draußen anschaut.

»Es handelt sich um denselben Mörder, daran besteht kein Zweifel.«

Der Kopf des Opfers ist zur Seite gedreht. Ich trete näher, und beim genauen Hinschauen kommt es mir immer mehr so vor, als würde ich dieses Gesicht kennen, ich kann mich aber nicht erinnern, woher. Plötzlich geht mir ein Licht auf. »Das Opfer hat gestern Abend auf dem Monastiraki-Platz vor einer Menschenmenge gesprochen und behauptet, es gebe kein Coronavirus«, sage ich zu den anderen, als ich wieder auf der Straße stehe. »Ich habe es zufällig in den Nachrichten gesehen.«

Dann wende ich mich an Dimitriou. »Durchsucht ihn, vielleicht hat er einen Ausweis dabei, und wir können ihn identifizieren.«

Ich lasse ihn seine Arbeit machen und gehe zu den Revierbeamten, weil ich wissen will, wer den Toten gefunden hat. Sie deuten auf einen Mini-Markt auf der gegenüberliegenden Straßenseite.

»Haben Sie den Toten gefunden?«, frage ich den Besitzer.

»Ja. Ich komme morgens erst so gegen neun, weil wir abends lange aufhaben. Ich habe ihn da liegen sehen, mich aber zunächst nicht darum gekümmert. Ich habe ihn für einen Junkie gehalten. In diesem Viertel wimmelt es nur so von Heroinsüchtigen und sonstigen Drogenabhängigen. Er hat sich aber die ganze Zeit, während ich für meine Lieferungen rein- und rausgegangen bin, nicht gerührt. Da wollte ich doch mal nachsehen, was los ist. Er lag genauso da, wie Sie ihn vorgefunden haben.«

Dimitriou bringt mir nicht nur den Ausweis, sondern überraschenderweise auch sein Handy. Zuletzt überreicht er mir den Zettel vom Messergriff, dessen Botschaft genauso lautet wie beim letzten Mord: »Mein Name ist Covid, und ich töte.«

Das Opfer heißt Thomas Nakos. Er ist vierundzwanzig, und sein Ausweis wurde auf Euböa ausgestellt. Wenn er nicht speziell für die Demonstration aus Euböa angereist ist, dann wird er wohl zum Studium in Athen sein.

Hier gibt es nichts weiter für uns zu tun. Doch wir müssen dringend die Freunde und Kontaktpersonen des Opfers ausfindig machen und mit ihnen sprechen. Wir überlassen Dimitriou den Abtransport der Leiche zur Gerichtsmedizin. Ich bitte ihn noch, mir eine Fotografie des Opfers zu schicken, mit der wir die Gegend abklappern können, um zu erfahren, ob ihn jemand mit seinem Mörder gesehen hat.

Zurück auf der Dienststelle nimmt Koula sofort den Ausweis und das Handy in Empfang, um die Wohnadresse des Opfers und die Kontaktdaten der Angehörigen in Erfahrung zu bringen. Kurz darauf trifft per E-Mail das Bild des Opfers ein. Dervissoglou und Askalidis durchkämmen damit die Straßen um den Monastiraki- bis hin zum Avissynias-Platz.

Etwa eine Stunde später kommt Koula in mein Büro und lässt sich auf einen Stuhl fallen.

»Was ist los?«, frage ich und springe auf.

Sie holt tief Luft. »Ich habe die Kontaktdaten von Familie Nakos aus Chalkida herausgefunden und dort angerufen. Zu meinem Pech hatte ich seine Schwester am Apparat. Sie können sich vorstellen, wie das Gespräch gelaufen ist.« Sie pausiert, um ihre Gedanken zu sammeln, und faltet einen Notizzettel auseinander. »Nakos hat in Athen ein Master-Studium in Mathematik gemacht. Er wohnte zusammen mit zwei Kommilitonen in der Agalianou-Straße in Gyzi, die mussten ebenfalls informiert werden. Auch sie hatten einen Schock. Jetzt sind sie zu Hause, wir können vorbeikommen.«

Zusammen mit Dermitsakis breche ich zur Agalianou-Straße auf. Stratos und Panajotis, die beiden Studienkollegen von Thomas Nakos, warten in der gemeinsamen Wohnung auf uns. Auf den ersten Blick ist klar, dass die Nachricht sie völlig unvorbereitet getroffen hat.

»Wir haben uns Sorgen gemacht, weil er gestern Abend nicht nach Hause gekommen ist«, erzählt uns Panajotis. »Wir haben ihn angerufen und ließen es lange klingeln, aber er ist nicht rangegangen. Wir hatten Angst, dass ihm auf der Kundgebung irgendetwas zugestoßen ist.«

»Haben Sie beide nicht mit demonstriert?«, fragt Dermitsakis.

»Nein, wir teilen seine Ansichten nicht«, antwortet Stratos. »Das war ein ständiger Streitpunkt zwischen uns. Er ließ sich seine Ideen nicht ausreden. Vergebens haben wir ihm die täglichen Sterbezahlen auf der ganzen Welt vorgelegt. Er aber war überzeugt, alles wäre eine Verschwörung. Die Toten wären an anderen Krankheiten gestorben und man würde sie nur zu Coronaopfern ›umtaufen‹.«

»Hat Nakos die gestrige Kundgebung organisiert?«, frage ich.

»Ja, zusammen mit einer Gruppe von gleichgesinnten Fanatikern.«

»Haben Sie aus diesem Kreis gehört, ob er sich nach der Kundgebung mit jemandem treffen wollte?«, fragt Dermitsakis.

»Nein, mit diesen Leuten haben wir nichts zu schaffen«, antwortet Stratos knapp.

Mehr Fragen stellen sich momentan nicht. Wir müssen nur noch einen Blick in das Zimmer des Opfers werfen, mehr oder weniger eine Formalität. Erwartungsgemäß finden wir nichts außer Büchern und ein paar unbedeutenden persönlichen Gegenständen.

Unverrichteter Dinge kehren wir an die Dienststelle zurück und hoffen, dass die Ermittlungsergebnisse vom Monastiraki-Platz Licht ins Dunkel bringen.

Tatsächlich gibt es einen kurzen Lichtschein, aber von einer anderen Kerze. Einer von Nakos' Freunden hat gesehen, dass er in der Ifestou-Straße einem Typen die Hand gegeben und ein Gespräch angefangen hat. Als Dervissoglou ihn nach einer Personenbeschreibung fragte, erklärte er, Nakos sei mit dem Unbekannten recht weit entfernt gestanden, er hätte sein Gesicht in der Dunkelheit aber nicht erkennen können. Er müsse so um die fünfzig gewesen sein und dunkel gekleidet.

»Gut möglich, dass sich der Mörder und das Opfer kannten«, argumentiert Askalidis.

»Warum glauben Sie das?«, frage ich.

»Der Handschlag. So begrüßt man sich normalerweise nicht, wenn man sich rein zufällig auf der Straße trifft.«

»Wahrscheinlicher ist, dass der Mörder Nakos zu seiner Ansprache gratuliert und ihm deshalb die Hand gedrückt hat«, hält ihm Dermitsakis entgegen. Ich schließe mich seiner Interpretation an.

Man braucht nicht viel Fantasie, um sich den weiteren Verlauf des Treffens auszumalen. Offensichtlich hat der Mörder sein Opfer in ein Gespräch verwickelt und ist mit ihm ein Stück weitergeschlendert. Kann sein, dass er ihn auf ein Getränk eingeladen und nur auf die geeignete Gelegenheit gewartet hat, ihm den tödlichen Hieb zu versetzen.

»Hypothesen sind gut, handfeste Beweise sind besser«, sage ich mir. Ich lasse meine drei Mitarbeiter die Ermittlungen fortsetzen. Diesmal sollen sie sich auf die Leute konzentrieren, die trotz Quarantäne ihre Wohnungen verlassen haben, und Informationen zu ihren persönlichen Umständen sammeln.

Sobald das Team gegangen ist, erstatte ich dem Vizepolizeipräsidenten Bericht.

»Wenigstens hat er das zweite Mal nicht noch mal einen Arzt getötet, sonst säßen wir noch schlimmer in der Tinte«, kommentiert er mit einem Seufzer der Erleichterung.

Ich könnte ihm meine Theorie über den Mord an Nakos darlegen. Aber lieber lasse ich mir nicht in die Karten schauen und vermeide mögliche Fehltritte. Mein Gefühl sagt mir, dass der Mörder uns wie im Fall des Epidemiologen noch eine Botschaft senden wird. Daher beschränke ich mich auf die Versicherung, dass ich ihn über jede neue Erkenntnis sofort informiere.

Ich mache Feierabend. Und wie fast jeden Abend trudele ich einige Zeit später trotz der abendlichen Dusch- und Umziehprozedur bei der Familie meiner Tochter ein. In der Pandemie ist dies der einzig sichere Hafen, der mir bleibt.

Genauso auch heute, und Lambros' gute Laune ist mein Lohn. Er empfängt mich mit Jauchzern und ausgestreckten Ärmchen und gewährt mir eine volle Stunde seiner Zeit zum Spielen.

Dann setzen wir uns gemeinsam zum Essen an den Tisch. Katerina tut mir sogar den Gefallen, Lambros nicht gleich zu Bett zu bringen, sondern platziert ihn neben mir in seinem Hochstuhl.

Als wir nach Hause kommen, fühle ich mich schon viel entspannter. In unseren eigenen vier Wänden vergessen Adriani und ich Stress, Angst und Coronamaßnahmen und gestatten uns noch eine Wohltat: einen ruhigen Schlaf.

*

Mein Vorgefühl bestätigt sich am nächsten Morgen. Nur die Art der Briefübergabe ist anders. Kaum habe ich den ersten Schluck von meinem Mokka genommen, führt Stella einen Kriminalhauptwachtmeister herein. Er streckt mir einen Briefumschlag entgegen.

»Das ist für Sie, Herr Kommissar«, sagt er.

Ich erkenne es sofort. Es ist der gleiche Umschlag wie bei Covids erstem Schreiben. »Wer hat ihn überbracht?«, frage ich.

»Gestern Nacht haben wir einen Anruf erhalten. Eine Männerstimme sagte, im Papierkorb bei der Einfahrt in die Dimitsanas-Straße liege ein Umschlag für Kommissar Charitos. Wir haben ihn herausgefischt und hergebracht.«

Ich muss zugeben, dass der Mörder schlau ist. Hätte er den Brief wieder per Kurierdienst geschickt, wären wir ihm vielleicht auf die Schliche gekommen, deshalb greift er diesmal zu einem anderen Mittel, das sich schon oft bewährt hat.

Ich mache den Umschlag auf und ziehe wieder ein Blatt im A4-Format heraus. Ganz oben steht das Datum vom Tattag.

Herr Kommissar,
ich muss mich nicht mehr vorstellen. Sie wissen, wer ich bin. Ich schreibe Ihnen, weil ich Ihnen die Gründe erklären will, die mich gezwungen haben, den jungen Mann zu töten. Es sind völlig andere als die, die mich zur Tötung des Epidemiologen Sachos veranlasst haben.

Sachos, das habe ich Ihnen schon erklärt, hat mich beleidigt, weil er die Leute noch mehr das Fürchten gelehrt hat als ich.

Thomas Nakos hingegen und seine Freunde haben behauptet, dass es mich nicht gibt. Das trifft mich viel härter als die Frechheit der Angstmacher. Sie leugnen meine Existenz an sich. Dabei habe ich überall auf der Welt ganze Arbeit geleistet. Alle Länder bemühen sich mit vereinten Kräften, mich zu bekämpfen, und stehen trotzdem auf der Verliererseite. Und da wagen es diese Bürschchen, mich zu provozieren, und behaupten, dass es mich nicht gibt? Und ich soll zwischen zwei Lösungen wählen – entweder die zweite Geige spielen oder gar nicht existieren?

Sie müssen wissen, dass ich den jungen Mann getötet habe, um ein Zeichen zu setzen. Aber damit nicht genug. Während der Kundgebung mischte ich mich auf dem Platz unter die Protestierenden. Wenn man in einer Woche feststellen wird, bei wie vielen ich jetzt zu Gast bin, kommen sie mit ihren ganzen Maßnahmen nicht mehr hinterher.

Alle, die Masken tragen und die Maßnahmen einhalten, können ohne Angst leben. Wenn sie mich anerkennen und meine Macht respektieren, haben sie nichts zu befürchten.

Ich hielt es für richtig, Sie zu informieren. Ich will hoffen, dass gewisse Leute endlich Vernunft annehmen und ich kein weiteres Mal einschreiten muss.

Covid, der Mörder

Ich lege den Brief beiseite und versuche meine Gedanken zu ordnen. Covids Erläuterung zum Mord an Nakos enthält keine große Überraschung. Das hatte ich mir von Anfang an gedacht: Nakos musste mit seinem Leben bezahlen, weil er die Existenz des Coronavirus geleugnet hatte.

Was ich nicht erwartet habe und mir Sorgen bereitet, ist die Aussage des Täters, dass er sich unter die Kundgebungsteilnehmer gemischt und sie mit dem Virus angesteckt hat.

Ich rufe den Vizepolizeipräsidenten an. »Ich habe ein zweites Schreiben des Mörders bekommen.«

»Na, dann haben Sie jetzt wohl einen Brieffreund«, triezt er mich.

Aber das Lachen vergeht ihm, als ich ihm den Absatz über die Verbreitung des Virus durch Covid vorlese. »Ich leite Ihnen eine Kopie des Schreibens weiter, damit Sie es dem Staatssekretär im Zivilschutzministerium übergeben können«, sage ich.

»Tun Sie das. Die Griechische Gesundheitsbehörde muss informiert werden und die Infektionen zurückverfolgen.«

Ich schicke den Brief an Koula, damit sie ihn an den Vizepolizeipräsidenten weiterleitet, und rufe meine Leute zusammen, bevor sie wieder losziehen auf der Suche nach Zeugen.

»Jetzt wissen wir, dass der Mörder selbst infiziert ist und sich nicht an die Quarantäne hält«, sage ich und lese ihnen den Abschnitt aus dem Brief vor. »Daher konzentrieren wir unsere Suche auf die Infizierten, die in Quarantäne sein müssten und dennoch ihre Wohnungen verlassen.«

Ich glaube nicht, dass ich sie moralisch aufgebaut habe. Auf keinem der Gesichter zeichnet sich ein Lächeln ab. Mit nachdenklicher und besorgter Miene machen sie sich auf den Weg.

Dann folgt ein Anruf des Vizepolizeipräsidenten. »Gerade eben wurde ich informiert, dass die Griechische Gesundheitsbehörde auf dem Monastiraki-Platz und um die Akropolis Coronatests durchführt.« Nach einer kurzen Pause fügt er hinzu: »Die Teilnehmer der Protestkundgebung können sie natürlich nicht zurückverfolgen.«

Das ist begreiflich, aber es ist auch nicht die Frage, die mich umtreibt. Unsere Ermittlungen betreffen nicht die Infizierten im Allgemeinen, sondern einen infizierten Mörder, der sich nicht an die Quarantäne hält. Die Anspannung zehrt in den folgenden beiden Stunden an mir, bis Dermitsakis' Anruf mich kurzfristig erlöst.

»Wir haben eine Frau im Verhörraum, deren Aussage Sie mit eigenen Ohren hören sollten.«

Ohne Gegenfragen gehe ich zum Verhörraum hinunter. Dort finde ich Dermitsakis und Koula vor. Ihnen gegenüber sitzt eine Frau um die fünfzig.

»Frau Domna Kalysi hat uns ein paar wertvolle Hinweise gegeben«, sagt Dermitsakis einleitend.

Frau Kalysi wartet, bis ich Platz genommen habe, bevor sie beginnt. »Wenn Ihre Kollegen nicht gekommen wären und mich befragt hätten, hätte ich nicht mehr daran gedacht. Aber als sie wissen wollten, ob ich jemanden kenne, der im Wohnhaus in Quarantäne ist, habe ich mich plötzlich an eine Szene erinnert, die mir vorgestern Abend aufgefallen ist.«

»Wollen Sie fürs Protokoll alles der Reihe nach erzählen?«, sagt Koula.

»Ja, Sie haben recht.« Dann wendet sie sich wieder an mich. »Ich wohne in der Karamanlaki-Straße in Patissia mit Blick auf den Kalliga-Platz«, erzählt sie. »Vor ungefähr einer Woche, wenn ich mich recht erinnere, hatte sich unter den Hausbewohnern herumgesprochen, dass Jannis Gasiotis aus dem vierten Stock positiv auf das Coronavirus getestet worden war und in Quarantäne musste. Viele Mieter sind erschrocken, aber mich hat es nicht groß gekümmert. Ich hatte nie viel mit ihm zu tun, mehr als ›Guten Tag‹ oder ›Guten Abend‹ hatten wir uns nicht zu sagen.«

»Wissen Sie vielleicht, ob er einen Job hat und wo er arbeitet?«, frage ich.

»Keine Ahnung. Wie gesagt, wenn wir uns im Treppenhaus begegneten, grüßten wir uns nur, mehr nicht.« Sie pausiert, um ihre Gedanken zu sammeln. »Der Kalliga-Platz ist mein Lieblingsplatz. Als mein Mann noch lebte, sind wir fast jeden Abend auf einen Kaffee oder einen Drink hinuntergegangen. Leider ist er vor einem Jahr verstorben, und seither habe ich keine Lust, allein auf den Platz zu gehen. Wenn ich nicht schlafen kann, was recht oft vorkommt, setze ich mich auf den Balkon und schaue auf das nächtliche Treiben hinunter.«

Sie seufzt auf und fährt fort. »Als ich Montagnacht wieder auf dem Balkon saß, habe ich gesehen, wie Gasiotis auf seinem Motorrad ankam. Er parkte es auf dem gewohnten Platz und betrat das Wohnhaus. Stellen Sie sich vor, ich habe gar nicht realisiert, dass er eigentlich in Quarantäne sein sollte. Erst als Ihr Kollege danach gefragt hat, ist es mir bewusst geworden«, sagt sie und deutet auf Dermitsakis.

»Wissen Sie noch, wie spät es war?«, frage ich.

Sie überlegt kurz. »Es muss gegen zwei Uhr früh gewesen sein.«

»War er zu Hause, als ihr zu ihm gegangen seid?«, frage ich meine Mitarbeiter.

»Wir haben geläutet, aber niemand hat aufgemacht. Andere Mieter haben wir nicht gefragt, damit er nicht Verdacht schöpft und untertaucht. Das Motorrad jedenfalls stand auf seinem Platz. Frau Kalysi hat es uns gezeigt.«

»Vielen Dank! Wenn Sie Ihre Aussage unterschrieben haben, können Sie gehen«, sage ich zur Kalysi.

Im Laufschritt steige ich die Treppen zu meinem Büro hoch und rufe den Vizepolizeipräsidenten an. Als ich mit meinem Bericht zu Ende bin, zeigt er sich beeindruckt.

»Endlich! Damit können wir das Knäuel entwirren. Wir werden die Ersten sein, die Covid festnehmen. Eine internationale Premiere!«

»Wir brauchen sofort einen amtlichen Durchsuchungsbefehl für die Wohnung des Verdächtigen und den Abtransport des Motorrads zur Spurensicherung.«

»Den bekommen Sie so schnell wie möglich«, verspricht er mir.

Daraufhin rufe ich Dermitsakis an. Er soll das Wohnhaus bis zum Eintreffen des Durchsuchungsbefehls observieren lassen – und für alle Fälle vor Ort ein Motorrad postieren, damit der Verdächtige verfolgt werden kann, falls er das Haus verlassen sollte.

Das letzte Telefonat gilt Dimitriou. Ich bitte

ihn, sich bereitzuhalten und auf unser Zeichen zum Einsatz zu warten.

*

Nach weniger als einer Stunde liegt uns der Durchsuchungsbefehl vor. Nachdem wir die Spurensicherung benachrichtigt haben, brechen wir auf.

Von den Beamten, die das Wohnhaus observieren, hören wir, dass der Verdächtige nicht gesichtet wurde. Sein Motorrad, eine Kawasaki, steht immer noch an derselben Stelle.

Wir übergeben die Maschine der Spurensicherung und gehen in die vierte Etage hoch. Als wir bei Gasiotis klingeln, rührt sich nichts in der Wohnung. Dimitriou hat einen Schlosser mitgebracht. Er braucht keine fünf Minuten zum Öffnen der Tür, und wir betreten die Wohnung.

Das Vorzimmer führt in ein spartanisch eingerichtetes Wohnzimmer. An der linken Wand steht ein Fernseher und gegenüber ein Sofa. Am anderen Ende des Wohnzimmers steht ein Tisch mit vier Stühlen, mehr eine Art Schreibtisch mit einer Menge Papiere, Aktenordner und einem Computer.

Wir überlassen den Raum der Spurensicherung und gehen weiter. Neben dem Wohnzimmer liegt die Küche. Ich rufe Dimitriou herbei, damit er die Schubladen öffnet, ohne eventuelle Fingerabdrücke zu verwischen.

In der zweiten Schublade finden wir die übrigen Teile des mörderischen Messer-Sets. Sie gleichen denen, die Gasiotis für die beiden Morde verwendet hat, nur die Griffe haben andere Farben.

»Zumindest haben wir jetzt das komplette Messer-Set«, sagt Dimitriou.

Ich komme nicht zum Antworten, da eine Stimme aus dem Wohnzimmer herüberdringt: »Herr Kommissar, kommen Sie kurz?«

Ich verlasse den Raum und kehre ins Wohnzimmer zurück. Einer von Dimitrious Assistenten deutet auf ein Stück bedrucktes Papier, das auf einem der Aktenordner liegt.

»Das ist für Sie«, sagt er und entfernt sich.

Ich beginne zu lesen, und es verschlägt mir die Sprache. Gasiotis alias Covid hat mir einen Brief hinterlassen, bevor er aus dem Haus gegangen ist.

Herr Kommissar,
wenn Sie diesen Brief in Händen halten, dann sind Sie in meiner Wohnung und haben mich gefunden.

Ich schreibe Ihnen, um Ihnen ein paar Dinge zu erklären, wofür in meinen vorigen Briefen kein Platz war.

Der erste Punkt hat mit unserer Bekanntschaft zu tun. Vielleicht sagt Ihnen der Name Jannis Gasiotis nichts, aber wir waren zusammen auf der Polizeischule. Nur dass ich zwei Jahre jünger bin als Sie. Danach bin ich ins Polizeikorps eingetreten, habe es jedoch bald wieder verlassen und einen Job als Security-Chef in einem Einkaufszentrum angenommen. Trotzdem habe ich Ihre Laufbahn die ganze Zeit über verfolgt.

Der zweite Punkt hat mit den beiden Morden zu tun, die ich begangen habe. Als ich positiv auf Corona getestet wurde, hatte ich Angst, aber ich geriet nicht in Panik. Ich war sicher, dass das Virus – wenn ich vierzehn Tage in Quarantäne bleibe – bei mir nur kurz verweilt und bald weiterzieht und dass ich an meine Arbeitsstelle zurückkehren kann.

Das Übel begann mit den Nachrichten im Fernsehen und im Internet. Vor vielen Jahren ist mir in meinem Beruf etwas Abscheuliches widerfahren, aber das war kein Vergleich mit der jetzigen Situation. Jeden Morgen schaltete ich den Fernseher an, und das Bombardement ging los: zuerst die Ärzte, dann die Politiker, danach die Bürgermeister und die führenden Köpfe der Griechischen Gesundheitsbehörde. Sie konkurrierten miteinander in Schwarzmalerei – von Schwarz zu Pechschwarz und von Pechschwarz zu Zappenduster.

Nach ein paar Tagen begriff ich, dass ich einer richtiggehenden Terrororganisation gegenüberstand. Nur dass diese Organisation keine Pistolen und Kalaschnikows einsetzte. Aber die Angst, die sie säten, war genauso schlimm wie die, die aus Pistolen oder Kalaschnikows kommt. Irgendwann war ich nur noch fix und fertig und konnte nicht mehr schlafen.

Um dem Fernseher zu entgehen, verfolgte ich die Diskussion in den Sozialen Medien, wo man schrie: »Wach auf, es gibt kein Virus!« Jeder, der um sein Leben fürchtete, wurde dort zum Trottel erklärt.

Als ich eines Morgens nur noch zitterte vor Angst, kam ich auf eine Idee. Ich würde in die Rolle von Covid schlüpfen und meine Feinde vernichten.

Jetzt wissen Sie, wie und warum ich zum Mörder wurde. Gasiotis, der Angsthase, wurde Covid, der Mörder. Es tut mir leid, dass wir all das nicht persönlich besprechen konnten.

Jannis alias Covid

Ich trete auf den Balkon, um den Vizepolizeipräsidenten anzurufen und in aller Ruhe auf den letzten Stand zu bringen. »Mir sagt der Name Gasiotis jedenfalls nichts«, schließe ich.

»Mir schon«, erwidert der Vizepolizeipräsident.

»Ah ja?«

»Soweit ich mich erinnere, gehörte er der Polizeidirektion Piräus an. Irgendwann wurde ihm Bestechung durch einen Nachtclubbesitzer vorgeworfen. Es wurde ein Disziplinarverfahren gegen ihn eingeleitet, und er wurde vom Dienst freigestellt. Er hat das Ergebnis nicht abgewartet, das schließlich zu seinen Gunsten ausfiel. Er ist aus dem Polizeikorps ausgetreten und wurde, wie er selbst sagt, Security-Chef.«

»Das war also die Abscheulichkeit, die ihm beruflich widerfahren war«, sage ich mir. Als ich wieder ins Innere der Wohnung trete, kommt Dervissoglou auf mich zu.

»Wir wissen, wo er gearbeitet hat. Er war Security-Chef im Einkaufszentrum Giant Mall. Auf dem Tisch haben wir einen Umschlag mit internen Rundschreiben und Anweisungen des Unternehmens gefunden.«

Nachdem wir sein Arbeitsumfeld kennen, brauchen wir nicht länger in der Wohnung zu bleiben. Wir überlassen der Spurensicherung den Rest und kehren ins Büro zurück.

Ich rufe Stella herein und bitte sie, mich mit dem Direktor des Einkaufszentrums zu verbinden. Fünf Minuten später habe ich ihn in der Leitung. Er nennt mir seinen Namen: Damanis.

»Herr Damanis, ich möchte Ihnen zu Jannis Gasiotis, dem Security-Chef Ihrer Firma, ein paar Fragen stellen«, sage ich.

Es folgt eine längere Pause. »Ist etwas mit Jannis?«, fragt er. Dann fügt er hinzu: »Hat sich sein Zustand verschlechtert?«

Jetzt bin ich zur Abwechslung überrascht. »Welcher Zustand? Sie meinen, weil er in Quarantäne war?«

»Nicht nur das, sondern auch die Folgen. Gestern Nachmittag bekam er hohes Fieber und starke Atemnot. Er hat uns angerufen, und wir haben dafür gesorgt, dass er ins Sotiria-Krankenhaus eingewiesen wurde. Unseres Wissens liegt er auf der Intensivstation und wird künstlich beatmet. Daher die Frage, ob sich sein Zustand verschlechtert hat.«

»Nein, davon weiß ich nichts. Dann unterhalten wir uns besser ein andermal. Gasiotis muss erst gesund werden.«

Nach dem Gespräch rufe ich meine Mitarbeiter an. »So kommt es, wenn man sich nicht an die Quarantäne hält, selbst wenn man sich für Covid höchstpersönlich ausgibt«, lautet Dermitsakis' Kommentar.

Ich bitte ihn, Koula Bescheid zu sagen, damit wir uns zu dritt am Ausgang treffen und zusammen zum Sotiria-Krankenhaus fahren. Nur kurze Zeit später sitzen wir schon im Büro des Krankenhausdirektors. Er hört uns schweigend zu.

»Derzeit ist es leider unmöglich, den Patienten zu befragen«, sagt er, als ich ausgeredet habe. »Zunächst einmal, weil Besuch auf der Intensivstation verboten ist. Aber darüber hinaus wird er künstlich beatmet und kann gar nicht sprechen.«

»Alles klar. Kann ich Ihnen meine Telefonnummer hinterlassen, und Sie benachrichtigen mich, wenn er Besuch empfangen kann?«

»Das können wir gerne so abmachen. Aber ich bezweifle, dass er Ihre Fragen beantworten kann. Sein Zustand ist kritisch und die Chance gering, dass er je wieder gesund wird.«

Seine Prognose bewahrheitet sich. Am nächsten Morgen ruft mich der Direktor während einer Teamsitzung an.

»Ich wollte Ihnen mitteilen, dass unser Patient Jannis Gasiotis gestern Abend gestorben ist«, sagt er. »Leider werden Sie jemand anderen befragen müssen, um die gewünschten Informationen zu erhalten.«

Nach diesem Gespräch bringe ich meine Leute auf den neusten Stand.

»Und das ist der Dank«, bemerkt Dermitsakis.

»Was meinst du?«, wundert sich Askalidis.

»Gasiotis hat die Covid-Gegner getötet, und zum Dank hat ihn Covid vernichtet.«

»Du kannst es auch anders sehen«, sagt Dervissoglou.

»Nämlich?«

»Für die widerrechtliche Aneignung seines Namens hat ihn Covid mit dem Tod bestraft.«

Wurde er undankbar behandelt, oder wurde er bestraft? Wenn ich Adriani frage, hat sie bestimmt eine dritte, vernünftige Erklärung: Er war ein hoffnungsloser Fall.

Das Spiel mit der Angst

Welches Ereignis hat mich in meinem Leben am meisten verängstigt? Dasjenige, an dem ich fast zerbrochen wäre? Jetzt, da ich auf die achtzig zugehe, ist der Zeitpunkt gekommen, mir alle Momente der Angst, die ich erlebt habe, ins Gedächtnis zu rufen und auch, wie stark sie meinen Lebensweg beeinflusst haben.

Meinen frühesten Moment der Angst hat meine Mutter ausgelöst. Es war im Jahr 1950, und ich war gerade fünf Jahre alt. Ich sehe sie immer noch weinend und klagend vor mir.

»Er kommt vors Kriegsgericht. Er wird hingerichtet!«

Ich wusste nicht, was ein Kriegsgericht ist, aber ich begriff, dass sie über meinen Vater sprach, auch wenn sie seinen Namen nicht nannte. Ich lebte damals in der Angst, meinen Vater nie mehr wiederzusehen – nur noch das Hochzeitsfoto meiner Eltern erinnerte mich an ihn sowie der Satz, den er mir bei unserer letzten Umarmung gesagt hatte: »Du wirst in einer besseren Welt leben.«

Die Angst wurde noch größer, als meine Mutter eine Reihe von verzweifelten Fragen ausstieß. »Mein Gott, wovon sollen wir bloß leben?« Dann deutete sie auf mich. »Was soll aus dem Würmchen werden?«

So ging es die ganze Zeit, bis es eines Tages an der Tür klopfte. Auf der Schwelle stand eine zerlumpte Vogelscheuche. Meine Mutter starrte sie wortlos an und fiel ihr dann schluchzend in die Arme. »Nikos, du bist zurück … Sie haben dich laufen lassen …«, wiederholte sie immer wieder ungläubig.

Aus ihren Worten schloss ich, dass der Mann an der Tür mein Vater war. Er fasste meine Mutter an den Oberarmen und schob sie zurück.

»Ich habe unterschrieben«, sagte er. Meine Mutter blickte ihn schweigend an. »Areti, ich habe unterschrieben«, sagte er noch einmal, als befürchtete er, sie hätte ihn nicht gehört. Erst nach Jahren erfuhr ich, was der Satz »Ich habe unterschrieben« bedeutete: Er hatte dem Kommunismus offiziell abgeschworen.

»Du hast es für uns getan«, flüsterte ihm meine Mutter zu. »Vor allem aber für Fanis.« Und sie deutete auf mich, der zwei Schritte hinter ihnen stand.

Mein Vater kam auf mich zu. Er fasste mich unter den Achseln und nahm alle Kraft zusammen, die er noch hatte, und hob mich hoch in seine Arme.

»Du wirst nicht in meiner erträumten Welt, aber wenigstens in Ruhe und Frieden leben«, sagte er und küsste mich.

Das Familienleben verlief wieder in ruhigen Bahnen, und an die Stelle der Angst traten fiebrige Vorbereitungen. Nachdem er sich vom Kommunismus distanziert hatte, beschloss er, sich der Bauernbewegung anzuschließen. Von meinem Opa hatte er in einem Dorf bei Kalamata ein Haus mit Acker geerbt. Solange er sich mit der Revolution und dem sozialistischen Kampf befasst hatte, hatte er es keines Blickes gewürdigt, aber jetzt wurde es unser Zufluchtsort.

Es waren die friedlichsten Jahre meines Lebens. Ich war mit allen Dorfkindern befreundet. Während die Väter im Kafenion plauderten, spielten wir auf der Straße oder im Haus. Die Tage flossen zwar gleichförmig, aber unbeschwert dahin.

In der Dorfschule entdeckte ich meine Liebe zum Zeichnen. Ich malte alles, was mir unter die Augen kam, und auf allem, was mir in die Hände fiel, von Heftseiten bis hin zu Einkaufstaschen. Stolz zeigte meine Mutter meine Zeichnungen im Viertel herum und heimste Lob ein. Papa war mit dem Acker beschäftigt und interessierte sich wenig für meine künstlerischen Leistungen. Aber als ich in der vierten Volksschulklasse war, brachte mir der Weihnachtsmann einen Block und Malfarben.

Große Angst überkam mich schließlich auch im Sommer meines ersten Gymnasialjahres. Ein Feuer war in einem Waldgebiet ganz in der Nähe von drei Dörfern ausgebrochen. Eines davon war unseres.

Anfangs war der Anblick faszinierend, vor allem für uns Kinder. Doch als das Feuer das erste Dorf erreichte, wurden die Erwachsenen von großer Sorge erfasst, die sich auf die Jüngeren übertrug.

Die Sorge entwickelte sich zur Angst, als sich der Waldbrand unserem Dorf näherte. Feuerwehrleute und Förster rieten uns, es zu verlassen, die Lage sei gefährlich. Wir wurden in einen Ort evakuiert, der weit weg von dem Waldbrand lag. Dass wir in Sicherheit waren, machte die Angst fast noch größer statt kleiner. Unser Dorf war hinter Flammen und Rauch verschwunden. Wir sahen nichts mehr und wussten nicht, was wir bei unserer Rückkehr vorfinden würden.

Zwei Tage später kehrten wir ins Dorf zurück – und aus der Angst wurde Entsetzen. Es war völlig niedergebrannt. Als wir bei uns ankamen, war da kein Haus mehr und auch kein Acker. Ich starrte auf die rauchenden Ruinen, begleitet vom Schluchzen meiner Mutter.

Eine Woche später brachen wir zum Haus meiner Oma in Volos auf. Das Entsetzen wich einer Reihe von beängstigend neuen Situationen.

Die erste bestand im Zusammenleben mit meiner Oma. Sie wollte im Haus und auch über mich bestimmen. Wann immer ihr etwas nicht passte, schalt sie mich aus. Meine Mutter schwieg dazu, entweder aus Respekt vor ihrer Mutter oder weil sie kein Öl ins Feuer gießen wollte.

Die zweite schwierige Situation war die Schule mit den neuen Lehrern und den neuen Mitschülern. Zum Glück gewöhnte ich mich schnell ein. Es war, als würde ich einfach dort weitermachen, wo ich aufgehört hatte, nur mit anderen Lehrern und anderen Freunden.

Was uns aber am meisten Angst machte, war etwas, was nicht mich, sondern meinen Vater betraf. Es war die Arbeitslosigkeit. Er konnte nirgends einen Job finden. Jeden Abend, wenn er heimkam, saß er stumm da und starrte auf die Straße hinaus. Meine Mutter hielt die Tränen zurück, um ihm das Leben nicht noch schwerer zu machen, aber sobald sie allein war, begann sie zu schluchzen. Dazu nörgelte auch noch Oma über die Extraausgaben, die wir ihr verursachten.

Mehr als ein Jahr lang putzte mein Vater tagtäglich die Klinken, auf der Suche nach Arbeit. Allein meine Mutter brachte ein paar Drachmen nach Hause. Sie war in ihren alten Schneiderberuf zurückgekehrt und änderte Frauen- und Kinderkleider. In der angespannten Atmosphäre dieses Haushalts gab es für mich nur eine Zuflucht: das Zeichnen.

Eines Nachmittags im Spätsommer, kurz bevor die Schule wieder anfing, führte mein Vater die ganze Familie in ein Kafenion aus. Meine Mutter war überrascht. Seit Monaten waren wir nicht mehr aus gewesen, da wir dafür kein Geld hatten, nicht einmal eine Limonade konnten sie mir spendieren. Am Blick meines Vaters erriet sie, dass er uns etwas mitteilen wollte, und ging ohne Widerrede mit.

»Ich habe beschlossen, nach Deutschland zu gehen«, eröffnete er uns, als wir Platz genommen hatten. »Das ist die letzte Tür, an die ich noch klopfen kann, um eine feste Anstellung zu bekommen.«

»Du suchst Arbeit in Deutschland?«, fragte ihn meine Mutter ungläubig. »Wie soll das gehen? Du bist doch noch nie dort gewesen, und Deutsch kannst du auch nicht.«

»Ich muss nicht selbst suchen. Die Deutschen sind auf der Suche nach Arbeitskräften selbst hierhergekommen. Wenn sie mich nehmen, kann ich uns ein festes Einkommen sichern. Das ist meine einzige Hoffnung, dann kann ich euch ein wenig Geld schicken, und ihr kommt besser über die Runden.«

Meine Mutter schwieg. Die Idee gefiel ihr nicht, andererseits verstand sie den Gedankengang meines Vaters. »Und wann kommst du uns besuchen?«, fragte sie, da ihr nichts anderes einfiel.

»Im Sommerurlaub, denke ich«, antwortete er. Dann überlegte er es sich anders. »Wenn ich eine Gehaltserhöhung bekomme, kann ich euch die Fahrkarten bezahlen. Dann könnt ihr mich besuchen kommen.«

Erschreckt hat mich das eigentlich nicht. Ich war ja schon älter, und da wir auf viele Dinge verzichten mussten, wusste ich, was es heißt, kaum genug zum Überleben zu haben. Lefteris, mein bester Freund, fand es sogar völlig normal.

»Wach auf, du Holzkopf, und schau dich um«, sagte er. »Alle gehen weg, nicht nur dein Vater. Bald wohnt in der ganzen Gegend kein einziger Mann mehr.« Dann lachte er auf. »Dann sind wir die einzigen Männer, und die Frauen stehen bei uns Schlange.«

Meine Mutter verzichtete auf ihren Mann und ich auf meinen Vater, aber dafür gewannen wir ein geregeltes Leben. Mama eröffnete ein Bankkonto, und Papa schickte uns alle drei Monate Geld. Zusammen mit ihrem Verdienst aus der Änderungsschneiderei waren wir zwar immer noch knapp bei Kasse, hatten aber keine großen Geldsorgen mehr. Die zweite erfreuliche Folge war, dass meine Oma den Mund halten musste. Nicht nur dass wir ihr Geld nicht mehr nötig hatten, wir sorgten sogar für ihren Unterhalt.

Zu meiner größten Freude kehrte mein Vater zum ersten Mal nach Griechenland zurück, als ich das Gymnasium beendete. Im Sommer davor war meine Mutter nach Deutschland gereist und hatte ihm beim Umzug vom Gastarbeiterheim in eine Wohnung geholfen, die er sich mit zwei anderen Griechen teilte.

»Bist du gekommen, weil du mein Abschlusszeugnis bewundern willst?«, fragte ich, als wir die Küsse und Umarmungen hinter uns hatten.

»Auch deshalb, aber nicht nur. Darüber reden wir zu gegebener Zeit«, antwortete er.

Als er uns am dritten Abend in eine Taverne zum Essen ausführte, war es dann so weit. Dort verkündete er uns bei gebratenen Zucchinischeiben, Tomaten-Gurken-Salat und frittierten Sardinen und Sprotten, dass er uns mit nach Deutschland nehmen würde.

»Ich bin in der Fabrik zum Vorarbeiter befördert worden. Die Beförderung ist mit einer Gehaltserhöhung verbunden. Davon können wir in Deutschland leben. Der Umzug wird Fanis auch ein Studium ermöglichen.«

»Reicht denn dein Verdienst für uns alle?«, fragte meine Mutter.

Mein Vater blickte sie an. »Du hast doch jahrelang Frauen- und Kinderkleider genäht, oder?«

»Und das tue ich noch immer.«

»Du brauchst höchstens zwei Monate, um eine Stelle in einer Textilfabrik zu finden.«

Jetzt war ich an der Reihe. »Ja, aber um in Deutschland zu studieren, muss ich Deutsch lernen.«

»Dann opferst du ein Studienjahr für den Sprachkurs.«

Der Umzug beziehungsweise die Emigration der ganzen Familie fand im September statt. Mein Vater wohnte im bayerischen Passau. Dort zogen wir gemeinsam in eine Wohnung, die er vor unserer Ankunft angemietet hatte.

Als ich meinen Fuß auf deutschen Boden setzte, empfand ich zwar keine Angst, aber eine schreckliche Ungewissheit.

»Werde ich es schaffen, Deutsch zu lernen?«, fragte ich meinen Vater fast panisch. »Und werde ich die Aufnahmeprüfung an die Kunsthochschule schaffen?«

Mein Vater sah mich an, als hätte er nicht richtig gehört. »Wo willst du studieren?«, fragte er.

»An der Kunsthochschule. Ich will Malerei studieren.«

Das war schon im Gymnasium mein Traum gewesen. Seine Antwort war kategorisch.

»Du studierst Wirtschaft«, sagte er. »Für Menschen, die nichts anderes kennen als den täglichen Kampf ums Überleben, gibt es keine andere Studienwahl. Du musst lernen, wie man es leichter zu Geld bringt. Das sage ich dir als ehemaliger Kommunist.«

Ich hatte mir nie erhofft, dass ich meinen Vater – nach allem, was wir durchgemacht hatten – leicht davon überzeugen könnte, mich an die Kunsthochschule zu schicken. Doch das rigorose Nein meines Vaters setzte meinem Traum ein Ende.

Den Plan, den er für unser niedergebranntes Haus bei Kalamata hatte, behielt er damals noch für sich. Den verriet er mir erst zum Ende meines Studiums. Er hatte vor, das gleichfalls zerstörte Nachbarhaus dazuzukaufen und beide zu einem kleinen Hotel zu verbinden.

»Und das übernimmst dann du«, teilte er mir mit. »Deshalb wollte ich, dass du Wirtschaft studierst. Wenn die Deutschen von einem griechischen Hotelier hören, der ihre Sprache spricht, rennen sie uns die Bude ein.«

All das geschah während der Junta-Zeit. Das Hotel wurde zwei Jahre nach dem Ende der Obristenherrschaft und der Rückkehr des früheren Premiers Karamanlis aus dem Exil eröffnet und hat unser Leben verändert. Doch nicht in Kalamata, wo er ursprünglich hatte bauen wollen. Er hatte sich auch anderswo umgeschaut und war schließlich in der Gegend, aus der meine Mutter stammte, fündig geworden: auf der Pilio-Halbinsel. Er hatte gehört, dass die Deutschen davon begeistert waren und viele sogar Häuser dort kauften.

Unser erstes Hotel wurde in Tsangarada eröffnet. Es war nicht das Grand Bretagne und auch nicht das Hilton, sondern ein zweistöckiger Bau mit zwanzig Zimmern. Mein Vater hatte selbst die Lage des Grundstücks ausgesucht und den Bauunternehmer gefunden. Danach kehrte er auf seinen Posten nach Deutschland zurück und überließ mir die Bauaufsicht und die Einrichtung des Hotels, wobei mir meine Mutter half.

Die Zusammenarbeit mit ihr führte zur Begegnung mit Christina. Ihre Familie führte ein Gartenmöbelgeschäft. Wir fanden Gefallen aneinander, und bald waren wir verheiratet.

Später ist Christina einem dreijährigen, qualvollen Kampf gegen den Knochenkrebs erlegen. Zusammen hatten wir eine Tochter, Ourania, und zwei Söhne, Nikos und Stathis.

Keines unserer Kinder trat in die Fußstapfen ihres Opas oder ging wie ich nach Deutschland. Meine Tochter übernahm das Geschäft ihrer Mutter und meine Söhne die beiden Hotels auf Kreta und Sifnos, die auf den Erfolg des ersten in Tsangarada folgten.

Der familiäre Wechsel vom Kommunismus zum Kapitalismus änderte nichts an meiner Lebensweise. Ich behielt die Leitung des Hotels in Tsangarada, während ich mich, wenn auch nur als Amateur, meiner Passion, dem Zeichnen, widmete. Meine Bilder hängen bei mir zu Hause, im Büro und in allen drei Hotels.

*

Ich habe all die beängstigenden Momente meines Lebens Revue passieren lassen, weil ich herausfinden wollte, was mich am meisten umgetrieben hat.

Am lebendigsten ist mir der Schrecken nach dem Waldbrand in Kalamata in Erinnerung und die Bilder von der eingeäscherten Ruine unseres Hauses.

Was mich in die Knie zwang, war die Krankheit

meiner Frau, nicht so sehr die Angst als vielmehr der Schmerz. Ich wusste von Anfang an, dass unsere gemeinsamen Tage gezählt waren, aber die Verzweiflung brachte mich fast um, als ich ihrem Leiden zusehen musste und ihr nicht helfen konnte.

Was mich jetzt im Alter zermürbt, ist die Angst vor dem Coronavirus. Zum einen, weil sie aus heiterem Himmel über mich hereingebrochen ist, und zum anderen, weil sie mich gleich doppelt trifft: einerseits aufgrund meines Alters, aber andererseits auch wegen der drei Hotels in Familienbesitz.

Ich fühlte mich wie in einem Horrorfilm. Meine Tochter zog ins Haus ihrer Oma, das sonst bei Besuchen unserer Söhne als Unterkunft diente. Ich wohnte allein und hatte eine Haushaltshilfe. Zur Einsamkeit zu Hause kam, dass ich mich von der Leitung des Hotels in Tsangarada zurückziehen musste. Ich beschloss, einen Geschäftsführer einzusetzen und vorsichtshalber nicht wie jeden Sommer persönlich vor Ort zu sein.

Doch jedes Glück ist vergänglich angesichts des Todes, wie schon Solon zu Krösus sagte. Nach ein paar Wochen, die ich in Isolation verbracht hatte, riefen mich meine beiden Söhne kurz hintereinander an und erzählten mir, sie würden die Hotels zu Ostern nicht öffnen. Das Hotel in Chania hatte nur drei Reservierungen, das andere auf

Sifnos überhaupt keine. Niemand wusste, wie die Touristensaison in diesem Jahr verlaufen würde, und so wollten sie lieber kurzfristig planen.

»Wenn es so weitergeht, wird es garantiert auch ein mieser Sommer«, sagte Nikos.

Das Hotel in Tsangarada wollten wir als Einziges öffnen, aber dort wagte ich mich nicht hin.

Ich hatte zwei Möglichkeiten, mich abzulenken. Die erste war die »Lust an der Angst«, nämlich unablässig auf allen Kanälen die Horrornachrichten über das Coronavirus in Griechenland und auf der ganzen Welt zu verfolgen. Jeden Abend saß ich vor dem Fernseher, in der Hoffnung, vielleicht doch noch eine erfreuliche Nachricht zu hören, die ein Lächeln auf mein Gesicht zaubern würde, doch stattdessen wurde meine Miene immer düsterer.

Die zweite Ablenkung war das Malen. Vom Hobby wurde es zur Hauptbeschäftigung. Ich malte den ganzen Tag, vom Morgen bis zu den abendlichen TV-Nachrichten, die meine »Lust an der Angst« befriedigten. Fürs Erste verwendete ich meinen Zeichenblock und verteilte die Skizzen im ganzen Haus. Am nächsten Morgen sah ich sie mir dann einzeln an und entschied, welchen Entwurf ich an der Staffelei ausarbeiten würde.

Das Malen wurde zur rettenden Oase mitten in einem Klima der Angst. Durch das Coronavirus bin ich erst professioneller Künstler geworden. Mit Leichtigkeit hätte ich mit meinen Werken eine Ausstellung füllen können. Dafür brauchte ich keine Galerie, mir standen ja die Hotels zur Verfügung. Doch erst einmal war an keine der beiden Möglichkeiten zu denken.

Ich ging nur morgens für einen Spaziergang aus dem Haus, und selbst da trug ich immer eine Einwegmaske. Zurück daheim widmete ich mich den ganzen restlichen Tag der Kunst.

Eines Tages brachte meine Tochter zwei Masken mit. Darüber wunderte ich mich nicht, denn wir hatten vereinbart, bei unseren Treffen immer Maske zu tragen. Aber diejenigen, die sie dabeihatte, waren nicht die üblichen OP-Masken, sondern sie waren aus weißem und schwarzem Stoff.

»Die Stoffmasken sind genauso sicher«, erklärte sie mir. »Aber sag Frau Eleni, sie solle sie nach dem Gebrauch bei neunzig Grad waschen und heiß bügeln.«

Ab sofort setzte ich auf meinem Spaziergang die weiße Maske auf. Ich musste Ourania recht geben. Ich fühlte mich damit sogar sicherer und hatte auch nicht mehr den Drang, den anderen großräumig auszuweichen. Vielleicht konnte ich ja bald den nächsten Schritt wagen: in einem Geschäft einzukaufen.

Als ich zu Hause ankam, gab ich Eleni die Maske zum Waschen und kehrte froh und voller Tatendrang an meine Staffelei zurück.

*

Die Idee kam mir ganz plötzlich und unverhofft, als mein Blick auf die gebügelte weiße Stoffmaske fiel, die auf dem Küchentisch lag. Ich schob sie ausgebreitet zu meinen Malutensilien hin. Mein Blick ruhte weiter auf ihr.

Kurz darauf nahm ich Pinsel und Farbpalette zur Hand und begann, sie zu bemalen. Auf den weißen Untergrund malte ich einen dunklen, aufgesperrten Mund mit gefletschten Zähnen, als würden sie zubeißen wollen. Und aus dem Mund hing eine knallrote Zunge, aus der eine Blume spross.

Sobald die Farben trocken waren, setzte ich die Maske auf und blickte in den Spiegel. Ich wusste nicht, ob mir zum Davonlaufen oder zum Lachen zumute war. Die Maske beinhaltete beides, sowohl den Schrecken als auch den Spott. Während mir der aufgesperrte Mund mit den großen Zähnen Angst einjagte, bildete die herausgestreckte Zunge ein spielerisches, witziges Element.

Spontan ging ich zur Haustür und trat auf die

Straße. Schon nach ein paar Schritten spürte ich die Blicke der Passanten. Einige lachten. Andere stießen ihre Begleitung an, um sie auf mich aufmerksam zu machen.

Eine Frau mittleren Alters blieb mitten auf dem Gehsteig stehen und starrte mich an, während ich auf sie zuging. Als ich direkt vor ihr stand, bekreuzigte sie sich und murmelte: »Herrgott im Himmel!«

Der schönste Kommentar kam von einem jungen Mann. »Cool, Alter. Du trägst das Virus als Maske im Gesicht und verarschst die, die uns verarschen.«

Auf meinem ganzen Spaziergang begegnete mir niemand, der nicht reagierte. Zu Hause angekommen, begann ich sofort mit der Bemalung der schwarzen Stoffmaske.

Ich entwarf ein entsetzt dreinblickendes, unrasiertes Männergesicht und setzte ihm eine prachtvolle goldene Krone aufs Haupt. Dann legte ich die beiden Masken nebeneinander. Mitten in der Panik und im Schrecken der Pandemie sorgten die beiden Masken für gute Laune und brachten einen zum Lachen.

Darüber freute ich mich riesig. Ich rief meine Tochter an und erzählte ihr von den Darstellungen auf den beiden Stoffmasken und den Reaktionen darauf in der Öffentlichkeit. Zunächst herrschte Schweigen in der Leitung.

»Kannst du sie mit dem Handy fotografieren und mir schicken?«, fragte sie dann.

»Wieso?«, wunderte ich mich. »Komm doch her, dann siehst du sie, wenn ich sie aufhabe. Das ist lustiger.«

»Ich habe eine Idee, wart's ab.«

Ich tat ihr den Gefallen, fotografierte die Masken und schickte ihr die Bilder. Fünf Minuten später rief sie mich lachend an. »Die sind toll! Jannis holt sie gleich bei dir ab. Du musst sie aber signieren, bevor du sie ihm gibst.«

»Wozu denn? Hast du vor, eine Kunstausstellung mit meinen Masken zu organisieren?«

»Nur Geduld, wart's ab«, lautete ihre Antwort.

Ich signierte die Masken mit »Fanis Papadakos«. Bei Jannis' Eintreffen waren sie trocken.

Den Rest des Tages verbrachte ich vor meiner Staffelei. Ourania kam am Abend nach Geschäftsschluss vorbei. Sie strahlte übers ganze Gesicht.

»Vergiss die Gemälde, und setz dich an Maskenentwürfe«, sagte sie. »Kaum hingen die beiden, die du Jannis mitgegeben hast, im Schaufenster, waren sie schon verkauft. Ich habe mit einem Gewerbebetrieb, mit dem ich zusammenarbeite, eine erste Lieferung von fünfzig Stück vereinbart. Wir sind die Ersten, die Designermasken auf den Markt bringen. Man wird sie uns aus der Hand reißen, da bin ich sicher.«

»Wie viele Entwürfe soll ich machen?«

»Ich würde sagen, fürs Erste fünf. Dann sehen wir, wie es läuft.« Sie ließ mir fünf Masken da und machte sich auf den Weg.

Am nächsten Morgen machte ich mich an die Arbeit. Zwei Tage später überreichte ich Ourania die Masken. Ich sorgte dafür, dass alle Entwürfe etwas Spöttisch-Provokantes hatten.

»Sie gehen weg wie die warmen Semmeln«, verkündete Ourania eine Woche später am Telefon.

»Soll ich noch mehr bemalen?«

»Nein. Warten wir lieber, bis alle vorhandenen verkauft sind.«

Die Angst, die mein Leben so lange bestimmt hatte, unterjochte mich nicht mehr. Ich spielte mit ihr. Und das machte mich stolz. Meine geliebte Malerei, die für mich ein Hobby war wie für andere Angeln oder Bergsteigen, wurde für mich plötzlich zum Ausdrucksmittel, mit dem ich den Zeitgeist einfangen konnte.

Die Masken waren innerhalb von drei Tagen ausverkauft, und Ourania bat mich um neue Entwürfe. Bevor ich mich wieder der Kunst widmete, beschloss ich, einen langen Spaziergang zu unternehmen. Vielleicht brachten mich die Straßenszenen und die Passanten auf neue Ideen. Ich setzte eine normale Einwegmaske auf, da ich die Leute unauffällig beobachten wollte.

Schon nach wenigen Schritten sah ich, dass Ourania nicht übertrieben hatte. Immer wieder kamen mir Leute entgegen, die eine von mir entworfene Maske trugen. So beschloss ich, mir eine Tasse Kaffee zu gönnen, um meinen Erfolg zu feiern.

Ich wählte ein nur spärlich besuchtes Café mit weit auseinanderstehenden Tischen und bestellte einen doppelten Espresso. Ich hatte ihn halb ausgetrunken, als am Nebentisch ein junges Pärchen Platz nahm. Beide trugen eine von meinen Masken. Mir fiel auf, dass sie sie selbst dann noch aufbehielten, als der Kaffee serviert wurde.

»Ich finde deine Maske noch mal cooler als meine«, sagte die junge Frau.

»Dann tauschen wir eben, nichts einfacher als das«, antwortete der junge Mann und nahm seine Maske ab.

Ich weiß nicht, warum, aber als Designer fühlte ich mich mit verantwortlich für die Ansteckungsgefahr durch den Maskentausch.

»Entschuldigung, dass ich mich einmische, aber es ist gefährlich, die Masken zu tauschen«, sagte ich.

Die beiden jungen Leute blickten sich an und begannen zu lachen. »Keine Sorge, Opa, es gibt kein Coronavirus, das Ganze ist ein abgekartetes Spiel, um Panik zu verbreiten und ein paar Leuten Millionengewinne zuzuschachern.«

»Warum tragt ihr dann überhaupt eine Maske?«, fragte ich verdutzt.

»Weil sie trendy ist«, erläuterte mir der junge Mann. »Und sie verkörpert unseren Widerstand. Wir tragen die Maske nicht als Schutz gegen das Coronavirus, sondern um eine Mode, die sich darüber lustig macht, unter die Leute zu bringen.«

»Es ist wie mit allen Designerstücken«, fügte die junge Frau hinzu. »Wenn wir uns früher mit Freunden getroffen haben, war der eine auf das Handy oder den Laptop des anderen neidisch. Bald wird es mit den Masken genauso gehen.«

Kaum war ich zu Hause angekommen, traf ihre Prophezeiung schon ein. Meine Tochter erzählte mir nämlich am Telefon, eine Athener Firma wolle eine große Bestellung von Design-Stoffmasken aufgeben.

Plötzlich wurde mir bewusst, dass ich durch meine Entwürfe einen Teil der finanziellen Einbußen, die unsere Hotels aufgrund der Pandemie erlitten hatten, ausgleichen konnte.

Ich stürzte mich in die Arbeit, die mich auch

künstlerisch befriedigte. Andere machten Ausstellungen, damit Kunstfreunde ihre Arbeiten betrachten konnten. Meine Werke waren überall auf den Gesichtern der Menschen zu sehen.

Ich hatte aufs richtige Pferd gesetzt. Ein paar Tage später rief mich abends mein Sohn aus Kreta an. »Schaltet jetzt der Staat schon Werbung für dich?«, fragte er.

Anfangs dachte ich, ich hätte mich verhört. »Wird denn jetzt mit staatlicher Unterstützung für Hotels geworben?«

»Nein, aber für deine Masken«, lautete seine Antwort. »Heute Abend sagte einer der Experten in den Corona-News zur Verteidigung der Maskenpflicht: Alle, die keine Einwegprodukte gebrauchen wollen, können ja die von Herrn Papadakos entworfenen Stoffmodelle benutzen. Die seien genauso sicher und zudem noch Kunst.«

Ich war sprachlos. Dass mein Erfolg so weit gehen würde, dass sich sogar Virologen für meine Entwürfe einsetzten, übertraf alle meine Erwartungen.

Am nächsten Morgen war ich schon beim Aufwachen fest entschlossen, meinen Erfolg zu genießen. Ich ging mit einem meiner Maskenmodelle auf dem Gesicht spazieren. Beim Kiosk unseres Viertels hielt ich an, um aus purer Eitelkeit eine

Zeitung zu kaufen. Ich wollte sehen, ob etwas über die Empfehlung des Experten drinstand.

Der Kioskbesitzer erkannte mich. »Wie ich sehe, tragen Sie Ihre eigenen Modelle, Herr Papadakos.«

Als ich mich zum Gehen wandte, stieß ich gegen einen Mann, der hinter mir wartete. »Sind Sie Herr Papadakos, dieser Maskendesigner?«, fragte er.

»Ja.«

»Gratuliere! Sie haben ein neues *Guernica* geschaffen«, sagte er.

Ich starrte ihn an. »Was habe ich mit Picasso zu tun?«

»Picasso hat sein Kunstwerk nach dem Bombardement von Guernica gemalt. Mit Ihren Masken setzen Sie unserem Guernica, also der Pandemie, ein Denkmal. Und gleichzeitig dem Elend und dem Übel unserer Zeit! Das ist genau das Guernica, das wir verdienen.«

Ich wusste nicht, ob ich lachen oder weinen sollte. Doch schnell fand ich Trost im Gedanken, dass auch naive Kunst das Guernica seiner Zeit zum Ausdruck bringen kann. Ich setzte meinen Spaziergang in straffer, aufrechter Haltung fort. Mit achtzig hatte ich es schließlich doch noch geschafft, Künstler zu werden, und noch dazu mit einer ganz eigenen Handschrift.

Coronaflüchtlingszentrum

Komm, gehen wir.«

Kosmas schimpfte los. »Bist du verrückt? Nach Sonnenuntergang gilt doch die Ausgangssperre! Willst du, dass sie uns schnappen und in eine Arrestzelle oder in ein Heim sperren, wo mehr als die Hälfte der Leute Corona hat? Wir können ja nicht einmal nachweisen, dass wir zum Sport nach draußen gehen.«

»Das würde uns sowieso nichts nützen.«

»Warum? Weil es dunkel ist?«

»Nein, weil Essenssuche nicht als Sport gilt«, antwortete Dimos lachend.

»Wie viele Tage hast du nichts mehr gegessen?«, fragte ihn Kosmas.

»Drei, und du?«

»Zwei. Ich habe zuletzt am Dienstag Brot mit Tomaten und Oliven gegessen.«

Der Hunger hatte sich nach dem Umzug verschlimmert. Auf dem Vathis-Platz war es für sie einfacher gewesen, ein Eckchen zu finden und irgendwie über die Runden zu kommen. Nachts hatten sie dort einen geschützten Schlafplatz, und Passanten warfen ein paar Münzen in den Plastikbecher, der neben ihrem Kopfkissen stand. Die abendlichen Einnahmen halfen ihnen über den Hunger des nächsten Tages hinweg.

Das Coronavirus hatte ihr Leben vollkommen umgekrempelt. Als sie mitbekamen, wie die Polizeibeamten ihre Schicksalsgenossen aufsammelten, wurde ihnen klar, dass der Vathis-Platz für sie nicht mehr sicher war. Wenn sie hierblieben, war unklar, wo sie landen würden. Am wahrscheinlichsten in einem Quarantäne-Zentrum, in dem sie nur zwei Optionen hatten: Flucht oder Ansteckung.

»Wir müssen einen anderen Unterschlupf finden«, lautete Dimos' logische Schlussfolgerung.

»Ja, aber nicht im Zentrum«, erwiderte Kosmas. »Hier ist überall Polizei, da entwischen wir ihnen nicht.«

»Und wo sollen wir hin?«, fragte sich Dimos. »Es ist doch überall gleich. Egal, ob wir nach Patissia, nach Kypseli oder nach Pangrati gehen.«

»Was hältst du vom Ionias-Boulevard?«, schlug ihm Kosmas vor. »Dort bin ich aufgewachsen, ich kenne die Gegend wie meine Westentasche.«

»Ja, aber der Ionias-Boulevard ist dicht bebaut,

der hat keine Schlupflöcher wie deine Westentasche!«, spottete Dimos.

»Das stimmt. Aber es gibt dort auch Häuser mit Gärten aus der Zeit der Flüchtlingskrise nach 1922. Ein paar sind unbewohnt und verlassen. An ihrer Hinterseite können wir uns niederlassen. Selbst wenn man uns bemerkt, kümmert es niemanden. Wer am Ionias-Boulevard wohnt, ist an Armut gewöhnt.«

Dimos ließ sich überzeugen. Die Frage war nur, wie sie dorthin kamen. Mit den Decken und ihren Habseligkeiten unterm Arm konnten sie schwerlich in den Bus oder in die Metro steigen.

So wählten sie die sicherste Lösung und bewältigten die Strecke zu Fuß und in der Dunkelheit. Fast drei Stunden brauchten sie zum Attikis-Platz, beladen mit allem, was ihnen geblieben war. Sie hielten sich so nah an den Hauswänden wie möglich, aus Angst, aufgegriffen zu werden.

Als sie endlich an ihrem Ziel ankamen, war es nach Mitternacht. Sie schlüpften in eins der umliegenden kleinen Gässchen und fanden einen Schlafplatz.

Am nächsten Morgen begannen sie mit der Erkundung der Gegend. Kosmas hatte nicht übertrieben. Er kannte sie in der Tat wie seine Westentasche. Nach zwei Stunden hatten sie den gewünschten Zufluchtsort gefunden. Es war ein unbewohntes Haus auf der Kyriakou-Straße, das von aus Kleinasien vertriebenen Griechen errichtet worden war. Sie entschieden sich für den Garten an der Hinterseite, wo sie vor den Blicken der Passanten geschützt waren, und ließen sich glücklich und zufrieden neben einer schmalen Tür nieder.

Doch zwei Probleme vergällten ihnen die Freude. Zum einen hatte ihr neuer Schlafplatz kein Dach. Wenn es regnete, würden ihre Decken und Kissen nass.

Zum zweiten schützte der Garten sie zwar vor indiskreten Blicken, hinderte sie jedoch gleichzeitig, das Mitleid wohltätiger und menschenfreundlicher Leute zu erwecken. Allein, wo sollte es hier überhaupt Wohltäter und Menschenfreunde geben? Sie hatten sich ein Viertel ausgesucht, dessen Bewohner sich an keinen anderen Wohltäter und Menschenfreund als Gott allein wenden konnten.

Das war auch der Grund, warum Dimos schon drei und Kosmas zwei Tage nichts mehr im Magen hatten.

»Lass uns eine Runde drehen, vielleicht finden wir was zu essen. Letztlich bleibt uns nur die Wahl zwischen Coronavirus und Hunger«, sagte Dimos.

Nach einer ersten Tour um die Häuser waren sie überzeugt, dass wohl der Hunger das Rennen machte. Sie hatten nicht erwartet, dass sie offene Esslokale vorfinden würden, in dieser Gegend konnte man auch vor Corona die Menschen, die sich einen Restaurantbesuch leisten konnten, an den Fingern einer Hand abzählen.

Ihre einzige Hoffnung waren die Souflakibuden. Nach zwei vergeblichen Versuchen fanden sie schließlich eine, die offen hatte, aber leer war. Der Grillmeister und seine zwei Mitarbeiter trugen Masken und Handschuhe. Als die beiden Obdachlosen beobachteten, wie ein Kurier eintraf, begriffen sie, dass der Laden den Kunden das Essen nach Hause lieferte.

Dimos bedeutete Kosmas, es trotzdem zu versuchen. Als der Grillmeister sie erblickte, wusste er sofort, dass sie keine Kundschaft waren.

»Draußen bleiben!«, rief er, und der Kurier trat drohend auf sie zu.

Die beiden Freunde blieben am Eingang stehen. »Nur zwei Pittabrote, Chef«, bat Kosmas den Grillmeister. »Gib uns zwei Pittabrote, und wir verschwinden.«

»Seit drei Tagen haben wir nichts mehr im Magen«, fügte Dimos hinzu.

»Weg mit euch, oder ich rufe die Polizei!«

»Warte, Jannis«, schaltete sich der Kurier ein. »Die beiden haben Hunger.«

Er packte zwei Pittabrote und füllte sie. Der Grillmeister schaute ihm widerspruchslos zu. Als er fertig war, drückte der Kurier sie den beiden Obdachlosen in die Hand.

»Danke, danke! Und alles Gute!«, rief Dimos.

Kosmas fügte noch einen eigenen guten Wunsch hinzu: »Möge Gott euch Gesundheit und Arbeit schenken!«

Vor lauter Hunger konnten sie sich nicht bis zu ihrem Unterschlupf beherrschen. Sie bogen in die erstbeste Seitengasse ein. Ein paar Schritte weiter ließen sie sich an einer ruhigen Ecke nieder. Als sie die Pittabrote aufklappten, war die Freude nur noch halb so groß. Es war die Sorte Souflaki, die einige »mit ohne« nennen, die Gläubigen »Fasten-Souflaki« und andere »Bio«, das heißt ohne Fleisch. Die Mahlzeit bestand nur aus Pittabrot mit Tsatsiki und Zwiebeln.

Sie erinnerten sich an das tröstliche Sprichwort: »In regenloser Zeit ist auch der Hagel willkommen«, und bissen hinein.

»Wie soll man nach drei Tagen Hunger mit Pittabrot, Tsatsiki und Zwiebeln satt werden?«, beschwerte sich Dimos.

»Sollen wir noch eine Runde drehen?«, schlug Kosmas vor.

»Wo?«

»Hier in der Nähe. Vielleicht finden wir eine Plastiktüte mit Essensresten oder ein weggeworfenes Stück Gemüse.«

»Bist du bei Trost? Willst du mit den Speiseresten auch gleich das Coronavirus mitessen, im Krankenhaus landen und an lauter Schläuchen hängen wie in einem Wasserwerk? Machen wir lieber morgen eine Runde im Zentrum des Viertels. Wenn wir es schaffen, treiben wir schon etwas Essbares auf. Heute Abend haben wir unseren Hunger überlistet und halten bis morgen früh durch.«

Sie kehrten zu ihrem Schlafplatz zurück und fielen todmüde auf ihre Matten. Die Erschöpfung übertönte den Hunger, sodass sie sofort in tiefen Schlaf versanken.

Beim Aufwachen blickten sie einem diesigen, bewölkten Tag entgegen. Kosmas musterte den Himmel.

»Gleich kommt ein Regenguss. Wir müssen uns beeilen.«

Die Souflakiportion »mit ohne« hatte gegen das Hungergefühl nicht viel ausrichten können. »Wenn die Kirchen geöffnet wären, hätten wir uns vors Portal stellen können. Manche Kirchgänger geben immer ein Almosen«, bemerkte Dimos.

»Wir richten uns erst mal in einer Querstraße

zum Acharnon-Boulevard ein. Wenn es nicht regnet, ziehen wir weiter.«

Sie traten auf den Attikis-Platz und dann in die Sosopoleos-Straße. Kosmas setzte sich auf den Treppenabsatz eines Wohnhauses auf der rechten Straßenseite und holte seinen Plastikbecher hervor. Dimos ging weiter und postierte sich auf der linken Straßenseite neben einem geschlossenen Geschäft. So taten sie es immer, wenn sie zusammen auf Betteltour gingen, um die Passanten auf beiden Straßenseiten zu erreichen. Am Ende des Tages teilten sie das Essen, das sie von den gesammelten Almosen kauften.

Aber diesmal kam es nicht zum Kassensturz, da ihnen ein Regenguss dazwischenkam. Nach ein paar einleitenden Donnerschlägen prasselte ein heftiger Platzregen herunter. Kosmas war an seinem Standort geschützt und beschloss, dort zu bleiben, bis alles vorbei war. Dimos tastete sich unter den Balkonen dicht an der Häuserwand entlang und blieb auf dem Gehsteig gegenüber stehen.

»Komm, wir retten unsere Habseligkeiten vor der Nässe, sonst müssen wir noch auf dem Betonboden schlafen«, rief er Kosmas zu.

»Daran führt sowieso kein Weg vorbei, schauen wir wenigstens, dass unsere Kleider trocken bleiben«, antwortete Kosmas.

Dimos beharrte nicht weiter, denn sein Freund hatte recht. Der Regenguss dauerte eine halbe Stunde. Danach brach die Sonne wieder durch.

Sie machten sich auf zu ihrer Schlafstätte. Als sie in der Kyriakou-Straße ankamen, war der Garten des verlassenen Hauses nur noch ein Sumpf. Sie waren froh, dass sie ihre Matten auf dem Betonboden hatten liegen lassen. Doch als sie dort ankamen, waren sie vollkommen durchnässt.

»Schlaf kannst du heute Nacht vergessen. Die brauchen mehr als vierundzwanzig Stunden zum Trocknen«, sagte Kosmas.

Erst das Coronavirus, dann nichts zu essen und jetzt noch mangelnder Schlaf. »Was für ein Kreuz für Obdachlose«, dachte Dimos. Plötzlich überkam ihn die schlimmste Form von Wut, die Wut der Verzweiflung. Er packte Kosmas an den Schultern und schüttelte ihn.

»Hör mir gut zu! Wenn wir in die Abwärtsspirale von Schlafmangel und Hunger geraten, dann machen wir es nicht mehr lang. Wir müssen eine Lösung finden!«

»Stimmt, aber die einzige Lösung ist, auf ein Polizeirevier zu gehen und zu bitten, dass sie uns in ein Heim oder ein Quarantäne-Zentrum sperren. Dort haben wir dann einen Teller Essen und eine trockene Matratze zum Schlafen.«

»Und das Coronavirus leistet uns Gesellschaft«,
ergänzte Dimos.

Kosmas fuhr aus der Haut. »Wenn ich zwischen
Hunger, Schlaflosigkeit und dem Virus wählen
muss, dann lieber das Virus, weil ich zumindest
hoffen kann, dass es keinen Bock auf mich hat und
mich in Ruhe lässt.«

Er verstummte. Dimos blickte nachdenklich auf
den feuchten Boden.

»Ich gehe jetzt zur Polizei. Wenn du allein weitermachen willst, ist das dein gutes Recht. Ich lasse
dir auch meine Matte hier.«

Dimos hob langsam den Kopf. »Wir sind solche
Idioten!«, sagte er zu Kosmas.

»Wieso?«

»Es gibt so viele geschlossene Läden! Wir können doch in einem davon unterschlüpfen, zumindest bis unser Zeug trocken ist und wir wieder auf
den Matten schlafen können.«

Kosmas wusste nicht, ob sein Freund es ernst
meinte oder einen Witz machte. »Willst du, dass
wir in ein versperrtes Geschäft einbrechen und
dort übernachten? Die Polizei ist Tag und Nacht
auf den Straßen unterwegs. Die werden uns wegen
Einbruchs drankriegen.«

»Wenn wir selber zur Polizei gehen, weil wir keinen Schlafplatz haben, ist es auch nicht viel besser.

Meinst du, die schicken uns in ein Hotel?« Er dachte noch ein wenig nach. »Unser Problem ist der heutige Abend«, erklärte er Kosmas. »Das Wetter hat sich gebessert, in der Sonne trocknen unsere Matten bis morgen. Daher suchen wir uns eben eine Unterkunft für eine Nacht, und morgen Abend kehren wir an unseren neuen Stammplatz zurück.« Er musste lachen. »Ganz so, als würden wir mal auswärts übernachten.«

Kosmas überlegte. Dimos hatte recht. Schließlich war es nur für dieses eine Mal.

»Okay, für eine Nacht. Aber zuerst brauchen wir etwas zwischen die Zähne.«

Diesmal hatten sie Glück. Auf dem Weg zur Kyriakou-Straße bemerkten sie eine Alte, die suchend in die Gärten und Baustellen am Ionias-Boulevard spähte. In der einen Hand hielt sie eine Plastiktüte und in der anderen einen Löffel. Es war ein vertrauter Anblick: Wie so viele alte Frauen fütterte sie die Katzen ihres Viertels.

Kosmas bedeutete Dimos, sich gemeinsam der Alten zu nähern. »Fällt auch etwas für uns ab? Wir haben seit drei Tagen nichts mehr gegessen«, sagte Kosmas.

Die alte Frau blickte sie an. »Ich habe etwas für die Katzen dabei, aber die finden heute offensichtlich genug zu fressen. Nehmt das, wenn ihr Hunger habt«, sagte sie und gab Kosmas die Plastiktüte. »Aber es sind bloß Reste«, warnte sie.

»Das macht uns nichts aus. Hauptsache, es ist etwas zu beißen«, antwortete Kosmas, während er die Tüte in Empfang nahm.

Sie bogen in die Kyriakou-Straße ein und erreichten ihre Unterkunft. In der Tüte waren Nudeln mit Hackfleischsoße und darüber ein Päckchen in Alufolie. Als sie es öffneten, fanden sie in Öl getunkte Brotstücke.

Sofort holten sie ihr Plastikgeschirr hervor, das Teil ihres Hausrats war, und stürzten sich auf die Nudeln. Offenbar hatte die Frau sie direkt aus dem Kühlschrank geholt, denn sie waren eiskalt, aber mit ihrem Heißhunger waren sie nicht wählerisch und verschlangen sie zusammen mit dem Ölbrot.

»Unser Hungergefühl haben wir erst mal überlistet. Jetzt müssen wir noch herausfinden, wo wir heute übernachten«, sagte Dimos. »Fangen wir auf dem Platz an?«

Kosmas schimpfte los. »Was redest du da? Ausgerechnet dort, wo ständig Leute unterwegs sind? Dort finden wir bestimmt keinen Unterschlupf.«

»Versuchen wir es dann auf dem Ionias-Boulevard?«, schlug Dimos vor.

Kosmas dachte nach. »Nein, wir gehen auf den Liossion-Boulevard«, sagte er schließlich.

»Warum? Gibt es dort mehr Geschäfte?«

»Dort gibt es viele Möbelhandlungen. Und die sind geschlossen, so wie alle anderen Läden auch. Aber wenn wir da irgendwie hineinschlüpfen könnten, dann hätten wir nicht nur ein Dach überm Kopf, sondern auch ein Sofa oder einen Polstersessel zum Schlafen.«

Dimos stimmte freudig zu. Nicht nur hatten sie ihrem Hunger ein Schnippchen geschlagen – und sei es auch nur mit Essensresten –, nein, sie saßen jetzt auch an einem trockenen Plätzchen und konnten in Ruhe dem Abend entgegensehen. Die Wolken zogen sich wieder zusammen, aber der zweite Schauer beschränkte sich auf ein kurzes Nieseln.

»Gehen wir?«, fragte Dimos, als es dunkel wurde.

»Noch nicht. Wir warten lieber, bis auch die letzten Passanten nach Hause gegangen sind. Es sind sowieso nicht viele«, erläuterte Kosmas.

Es war schon zehn, als sie loszogen, um den Liossion-Boulevard nach einem geeigneten Möbelgeschäft abzusuchen. Ein Versuch nach dem anderen missglückte. Die meisten hatten den Vordereingang und die Rollläden heruntergelassen. Bei den wenigen Läden, die einen seitlichen Lieferanteneingang hatten, war auch der mit Rollläden fest verschlossen.

Sie waren drauf und dran aufzugeben, als Dimos seinem Gefährten ein letztes Möbelgeschäft zeigte, das an der Ecke zu einer Querstraße lag.

»Komm, ein letzter Versuch. Wenn auch der schiefgeht, dann geben wir es auf«, sagte er zu Kosmas.

Sie bogen um die Ecke in die dunkle Parallelstraße. Der Laden hatte an der Hinterseite einen Lieferanteneingang, aber auch hier war der Rollladen heruntergezogen. Dimos wollte sich schon enttäuscht abwenden, als Kosmas ihn zurückhielt und auf das untere Ende des Rollladens deutete. Überrascht stellte Dimos fest, dass kein Schloss daran hing. Dimos packte den Rollladen mit beiden Händen und schob ihn langsam nach oben.

Er holte Luft und blickte sich um. Alles war ruhig und keine Menschenseele auf der Straße unterwegs. Er bedeutete Kosmas, Schmiere zu stehen, und schob den Rollladen noch weiter hoch. Sobald der Türgriff frei war, hielt er inne. Die Tür war auch nicht verschlossen.

Dimos winkte Kosmas heran, und sie schlüpften in den Möbelladen. Sie ließen den Rollladen wieder herunter und schlossen die Tür. Danach sahen sie sich in dem durch das Schaufenster spärlich erleuchteten Raum um. Sie konnten ein Sofa und einen Polstersessel erkennen. Kosmas legte sich aufs

Sofa, und Dimos ließ sich im Sessel nieder und legte die Füße auf einen Stuhl.

»Wir müssen früh aufstehen und bei Sonnenaufgang aufbrechen, damit sie uns nicht doch noch erwischen und einbuchten«, flüsterte er Kosmas zu. Er konnte gerade noch das zustimmende Nicken von Kosmas erkennen, bevor ihn der Schlaf übermannte.

*

Hätte man Kosmas gefragt, ob ihn ein Geräusch oder die Angst vor dem Verschlafen aus dem Schlaf gerissen hatte, hätte er es nicht mit Sicherheit sagen können. Sicher war nur, dass, als er die Augen aufschlug, ein Mann den Blick auf ihn gerichtet hielt. Er sprang auf.

»Dimos!«

Dimos schlug die Augen auf. Auch er sah den Mann, der zwischen Sofa und Polstersessel stand. Er musste um die siebzig sein, und er schaute sie ruhig und lächelnd an.

»Wir sind keine Einbrecher!«, rief Dimos, um den Verdacht von sich abzulenken.

Der Alte lächelte noch immer. »Ich weiß«, erwiderte er. Er deutete auf eine Tür am anderen Ende des Ladens. »Im Büro dort drüben schlafe ich. Ich habe euch gestern Nacht hereinkommen hören. Ich dachte erst, ihr seid Einbrecher, und hatte eine Heidenangst. Als es dann aber ruhig wurde, war mir klar, dass ihr hier nur schlafen wollt.«

»Ja, deshalb sind wir hereingekommen«, bestätigte Kosmas. »Wir sind obdachlos, und unsere Matten waren vom Regen ganz nass. Daher haben wir ein Nachtquartier gesucht.«

»Wenn man den ganzen Tag gegen den Hunger kämpft, dann muss man wenigstens noch schlafen können«, fügte Dimos hinzu.

»Kommt mit ins Büro, ich mache Kaffee. Dort finden wir auch etwas zum Frühstück.«

Kosmas und Dimos blickten sich an und trauten ihren Ohren nicht. Nicht genug damit, dass sie ein Nachtasyl gefunden hatten, jetzt bot man ihnen auch noch ein Frühstück an! Sie folgten dem Alten ins Büro.

Der Raum kombinierte Büro, Schlafplatz und Küche. Links stand ein Schreibtisch mit einem Computer und daneben an der Wand ein Büroschrank. Gegenüber stand ein Sofa, auf dem ein Bettlaken und eine Decke lagen. Offenbar schlief dort der Alte.

Auf der rechten Seite war eine improvisierte Küche eingerichtet: ein Kühlschrank, ein Tisch samt Gaskocher mit zwei Kochstellen und ein Filterautomat. Auf den Regalen über dem Tisch, auf denen früher bestimmt Aktenordner gestanden hatten, stapelten sich nun Schalen, Teller und Gläser.

»Ich kann nur Filterkaffee anbieten. Leider habe ich kein Mokkakännchen«, sagte er.

»Das ist prima. Vielen Dank!«, antworteten die beiden.

Der Alte ging auf die Küchenseite, und die beiden setzten sich auf die Stühle vor dem Schreibtisch. Er setzte Kaffee auf und kam zu ihnen.

»Ich heiße Sotiris«, stellte er sich vor. »Das Geschäft gehört mir, aber inzwischen führt es mein Sohn. Ich übernachte hier.«

»Ja, aber warum schließen Sie den Rollladen und die Tür nicht ab?«, fragte Kosmas. »Uns kam das natürlich gelegen, aber ...«

»Weil ich Angst habe«, antwortete Sotiris. »Mich plagt die Vorstellung, dass ich vor lauter Panik nicht mehr aufschließen kann, wenn irgendetwas ist. Deshalb schließe ich lieber nur die Bürotür ab.«

Er stand auf, goss den Kaffee in drei Tassen und fragte sie, ob sie Zucker wollten, was beide bejahten. Er brachte die Tassen, kehrte zur Küche zurück und legte Toastbrot auf ein Tablett. Dann holte er einen Teller mit Käse aus dem Kühlschrank. Brot und Käse stellte er auf den Tisch.

»Es ist nicht wie im Hotel, ich weiß«, sagte er.

Dimos und Kosmas blickten auf Brot und Käse und fühlten sich wie im Luxushotel. Sotiris belegte sein Brot mit einer Scheibe Käse. Dimos und Kosmas griffen beherzt zu. Der Hunger erlaubte keine höfliche Zurückhaltung. Erst als alles aufgegessen war, lehnten sie sich mit einem zufriedenen Seufzen zurück.

Kosmas stellte die Frage, die ihm auf den Lippen brannte. »Sie haben doch gesagt, dass der Laden Ihnen gehört. Aber haben Sie kein Zuhause?«

Sotiris blickte ihn an und lächelte. Bevor er antwortete, nahm er noch einen Schluck Kaffee. »Normalerweise wohne ich bei meinem Sohn, meiner Schwiegertochter und meinen beiden Enkelkindern. Aber meine Schwiegertochter ist wegen Corona ganz hysterisch, weil ich schon vierundsiebzig bin und zur Risikogruppe gehöre. Wir haben noch eine Wohnung, aber die ist vermietet, und wir brauchen das Geld. Eines Tages schlug mein Sohn mir vor, mich ins Altersheim zu bringen. Als ich das hörte, hätte ich vor Schreck beinah einen Herzinfarkt bekommen. Im Altersheim gehen ständig Leute unkontrolliert ein und aus, da stehe ich auf der Warteliste ins Jenseits.«

»Aus diesem Grund sind wir auch nicht ins Heim gegangen«, erläuterte Dimos.

»Da ist mir die Idee mit dem Laden gekommen«, fuhr Sotiris fort, als hätte er den Kommentar nicht gehört. »Ich sagte zu meinem Sohn, dass ich vorläufig hier im Laden bleibe, da er sowieso geschlossen ist. Er war einverstanden und bringt mir jeden Tag Essen von zu Hause mit. Er hat mir alles Nötige zum Kaffeekochen und fürs Frühstück eingekauft. Ich habe mich hier gut eingerichtet. Nur wage ich nicht daran zu denken, was aus mir wird, wenn die Geschäfte wieder aufmachen.«

Er verstummte. Die Obdachlosen blickten ihn wortlos an. Sie wussten, dass eine weitere Übernachtung im Paradies keineswegs sicher war. Doch Sotiris hatte schon einen durchdachten Plan.

»Wenn ihr wollt, könntet ihr jeweils hier übernachten«, sagte er. »Nur morgens müsst ihr gehen. Mein Sohn kommt jeden Tag vorbei, um mir Essen zu bringen, und ich möchte nicht, dass er euch hier antrifft. Normalerweise kommt er gegen Mittag oder am frühen Nachmittag. Aber abends könnt ihr hier bei mir sein. Dann habt ihr einen Schlafplatz und ich eure Gesellschaft, die mir guttut.«

Die beiden waren einverstanden, abends gegen neun wiederzukommen, und machten sich fröhlich auf den Weg.

»Das war doch ein toller Vorschlag, es bei

Möbelhandlungen zu probieren«, sagte Kosmas zu Dimos. Sein Blick war von Stolz erfüllt.

»Aber wirklich!«, antwortete Dimos. »Wir suchten einen Unterschlupf, und gefunden haben wir ein Hotel mit Frühstück. Wenn wir jetzt noch etwas zu essen finden, sind wir keine Obdachlosen mehr, sondern Touristen.«

Kosmas blieb der Mund offen stehen. »Aber wir haben doch gerade erst gegessen! Und abends wird uns Sotiris bestimmt etwas auftischen. Warum sollen wir nach Essen suchen?«

»Heute haben wir etwas, morgen hungern wir vielleicht wieder. Wir Obdachlose sind wie Sportler. Wir müssen jeden Tag unser Training absolvieren.«

*

Zuerst schauten sie bei ihrer festen Unterkunft vorbei, um zu prüfen, in welchem Zustand sich ihre Schlafmatten befanden. Erleichtert stellten sie fest, dass sie trocken waren. Sie steckten sie in schwarze Abfalltüten und deponierten sie an der Rückseite des Hauses.

Die erste Station bei der Essenssuche war der Ort, wo sie am Vortag die alte Katzenfreundin getroffen hatten. Aber sie fanden nur ein paar leere Teller, von Katzen keine Spur.

»Es ist noch zu früh. Die Fütterung wird später stattfinden«, schlussfolgerte Kosmas.

Sie setzten ihren Rundgang fort. Die Lage war, wie jeden Tag, schwierig. Die Cafés und Esslokale waren zu. Das schränkte die Möglichkeiten, an eine edle Spende zu kommen, stark ein. Wenn die Leute an einem Tisch beim Essen saßen, waren sie freigiebiger. Beim Take-away kippten die Gäste nur ihren Kaffee und machten sich gleich wieder auf den Weg, ohne die Menschen um sie herum wahrzunehmen.

Das Training trug keine Früchte. »Kein Goal, nicht einmal ein Torschuss ist uns gelungen«, bemerkte Kosmas enttäuscht.

Es war nach acht, als sie in die Möbelhandlung kamen. Der hintere Rollladen war wie schon am Abend zuvor heruntergelassen, aber unversperrt. Sie schoben ihn hoch, doch diesmal klopften sie an. Sotiris hörte sie beim zweiten Versuch und winkte sie herein.

»Habt ihr Hunger?«, fragte er.

Er wartete die Antwort gar nicht ab, sondern führte sie direkt ins Büro. Auf den beiden Herdplatten stand ein großer, mit Alufolie bedeckter Teller. Sotiris nahm die Folie ab und zeigte ihnen den Blätterteigkuchen.

»Heute Abend gibt's Käsepitta«, verkündete er.

»Im Kühlschrank sind Tomaten und Gurken. Wir können uns einen Salat dazu machen.«

Die Augen der beiden funkelten. Sie wussten gar nicht mehr, wann sie zum letzten Mal etwas gegessen hatten, das sie satt gemacht, aber auch lecker geschmeckt hatte. Sotiris machte den Kühlschrank auf und holte das Gemüse heraus. Kosmas eilte herbei.

»Lass nur, ich bereite den Salat zu.«

»Die Tomaten sind schon gewaschen«, sagte Sotiris.

Kosmas schnippelte den Salat, und Sotiris verteilte die Käsepitta auf Teller. Dimos saß als Einziger untätig herum und fühlte sich unwohl.

»Ich mache zum Ausgleich den Abwasch«, erklärte er.

Die beiden Freunde waren dem Schicksal dankbar, dass auf dem Tagesmenü heute statt Essensresten frische Käsepitta mit Salat stand.

Sobald Dimos mit dem Abwasch fertig war, richteten sie sich gemütlich ein und begannen zu plaudern. Erst mal ging es um Erinnerungen an frühere Zeiten. Sotiris erzählte ihnen seine Lebensgeschichte: wie er als Knecht angefangen und dann eine Tischlerlehre gemacht hatte und wie er dank der Mitgift seiner Frau Margarita Geschäftsbesitzer geworden war. Er hatte nicht nur einen Sohn, sondern auch eine Tochter, die mit Mann und Kindern in Kanada lebte.

Immer wieder kam er auf seine Frau zu sprechen und sagte, wie sehr er sie vermisse. Das hatte sicher auch mit seiner aktuellen Situation zu tun. Hätte seine Frau noch gelebt, wäre er nicht zum Flüchtling in seinem eigenen Laden geworden.

Dann waren die Erinnerungen von Kosmas und Dimos an der Reihe. Es war ihnen beruflich sehr ähnlich ergangen. Sie waren beide in derselben Firma angestellt gewesen, bevor diese in der Finanzkrise Konkurs ging und sie arbeitslos wurden. Wer sollte unter diesen Umständen Interesse an fünfzigjährigen Bewerbern haben? Als das Arbeitslosengeld auslief, nahm Kosmas' Frau die beiden Kinder und zog nach Karditsa zu ihrer Familie. Dimos hingegen war mutterseelenallein.

Zunächst hielten sie sich mit Gelegenheitsjobs über Wasser, aber das Angebot an Arbeitskräften stieg täglich, während die Nachfrage in gleichem Maß sank. Irgendwann konnten sie sich ihre Wohnungen nicht mehr leisten. So standen sie schließlich vor dem Dilemma: Sollten sie ein Leben als Obdachlose führen oder Zuflucht in einem Heim suchen?

Dimos befürchtete, dass man ihn im Heim einsperren würde und er so nie mehr eine Arbeit fände. Kosmas wusste, dass Dimos' Argumente nur vorgeschoben waren. Er wollte nicht ins Heim, da er es als Gefängnis betrachtete. Auch Kosmas war nicht begeistert von der Idee, in irgendeiner Institution unterzukommen. Wenn er sich nicht mehr frei bewegen könnte, würde er jegliche Hoffnung verlieren. So entschieden sie sich für ein Leben als Obdachlose.

Sotiris hörte ihnen zu, ohne sie zu unterbrechen. »Es ist kein Zufall, dass wir uns gefunden haben«, sagte er, als sie geendet hatten. »Das Altersheim war für mich so etwas wie für euch das Obdachlosenasyl.«

Die zweite gemeinsam verbrachte Nacht läutete ein neues Zusammenleben ein, und der Alltag von Dimos und Kosmas bekam einen gewissen Rhythmus: Morgens brachen sie vom Möbelladen auf, abends kehrten sie dorthin zurück. Dann folgte das Essen und das gesellige Beisammensein, was man in früheren Zeiten »Abendgesellschaft« genannt hatte.

Sie fühlten sich wohl miteinander, aber nach ein paar Tagen wurden die Gespräche, die sich immer um das Gleiche drehten, zäh und langweilig. Sie hatten sich nichts Neues mehr zu erzählen.

Als sich eines Abends wieder Schweigen breitmachte, fragte Sotiris, ob die beiden Tavli spielten.

»Ja, in allen Variationen«, antwortete Kosmas.

Sotiris holte ein paar Geldscheine aus seiner Hosentasche und drückte sie ihm in die Hand. »Kauft morgen ein Tavli-Brett, dann können wir zum Zeitvertreib ein paar Partien spielen.«

Tavli war ihre Rettung. Sie spielten jeden Abend. Spaß machte nicht nur das Spiel zwischen den beiden Gegnern, während der Dritte kiebitzte, sondern auch die Ausrufe, die Proteste und die Verwünschungen, wenn mal der eine, mal der andere Pech beim Würfeln hatte.

Ein großes Wunder dauert drei Tage, so hieß es früher. Das Wunder der Obdachlosen dauerte eine Woche. Als sie eines Abends in den Laden kamen, saß Sotiris auf dem Sofa im Büro, den Blick ganz verloren auf die Wand gegenüber gerichtet.

Die beiden wussten sofort, dass etwas passiert war. »Was hast du, Sotiris? Was ist los?«, fragten sie.

Sotiris zuckte zusammen, als sei er eben aus dem Tiefschlaf erwacht. Kurz blickte er sie wortlos an. »Ab Montag öffnen die Geschäfte wieder«, teilte er ihnen mit.

Die Nachricht traf sie wie ein Blitz aus heiterem Himmel. Sie dachten, sie hätten ein Dach überm Kopf gefunden, aber jetzt wurde ihnen klar, dass es – nicht nur für sie, sondern auch für Sotiris – nur eine vorübergehende Lösung gewesen war.

»Und was willst du tun?«, wollte Dimos von ihm wissen. Die Antwort für Kosmas und ihn selbst lag auf der Hand: Sie würden zu ihrer alten Lebensform zurückkehren.

»Mein Sohn besteht auf dem Altersheim, aber ich will davon nichts hören.« Er verstummte und holte tief Luft. »Die einzige Lösung ist, weiter hierzubleiben. Schließlich gehört das Geschäft mir, er kann mich nicht rausschmeißen.«

Keiner von ihnen hatte Lust zum Tavli-Spielen. Der einzige Ausweg war, zu Bett zu gehen. Praktisch bedeutete das eine schlaflose Nacht, denn sie taten allesamt kein Auge zu.

Während sie am Morgen schweigend ihren Kaffee tranken, fragte Sotiris: »Wo verbringt ihr eigentlich eure Zeit, bevor ihr zu mir kommt?«

»Im Hof hinter einem alten Haus in der Kyriakou-Straße«, sagte Kosmas.

»Zeigt es mir doch mal.«

Die beiden Obdachlosen blickten sich an. Dimos wollte schon fragen, was er sich vom Hinterhof eines verlassenen alten Hauses versprach. Aber er merkte, dass Sotiris etwas Bestimmtes im Sinn hatte, und schwieg.

Stumm und mit schweren Schritten machten sie sich auf den Weg. Ohne ein Wort zu wechseln, erreichten sie das Haus.

»Hier wohnen wir«, sagte Kosmas zu Sotiris.

Sotiris ließ den Blick über Haus und Garten schweifen. »Das gehört Samanis«, sagte er.

»Wem?«, wunderte sich Kosmas.

»Theodossis Samanis«, wiederholte Sotiris. »1924 ist er mit seiner Frau als Kleinasienflüchtling im Zuge des griechisch-türkischen Bevölkerungsaustausches hergekommen. Er hat dieses Häuschen gebaut, um ein Dach überm Kopf zu haben. Hier ist sein Sohn Lefteris aufgewachsen. Theodossis war ein hervorragender Schmied, aber erst in den Fünfzigerjahren kam er im Leben zu etwas, als in Athen der große Bauboom losging und man auf den Trick mit der ›Kompensierung‹ kam, Baugrundstücke im Tausch gegen Eigentumswohnungen zu erwerben. Damals zog er aus dem alten Haus aus und in eine Wohnung, so wie alle anderen auch.«

»Ist von der Familie noch jemand am Leben?«, fragte Kosmas.

»Lefteris, der Sohn von Theodossis. Wir sind ungefähr im gleichen Alter. Er war mein Buchhalter, als ich noch die Geschäftsleitung hatte.« Er blickte die beiden an. »Bis zum Ende der Woche könnt ihr im Laden schlafen. Dann sehen wir weiter ...«

Als Sotiris sich von ihnen verabschiedet hatte,

um wieder zu seinem Geschäft zurückzukehren, stellten Dimos und Kosmas verzweifelt alle möglichen Überlegungen an. Was sollten sie jetzt tun? Sie sahen keine andere Möglichkeit, als ihr gewohntes Leben als Obdachlose wiederaufzunehmen.

»Schlimm, wenn man es sich gut gehen lässt«, bemerkte Kosmas. »Man vergisst, wie es zuvor war, und kann sich schwer wieder umgewöhnen.«

Sie hatten auch keine Lust auf ihr »Training« mit der Essenssuche. Ab Montag würde daran sowieso kein Weg mehr vorbeiführen. Schweigend saßen sie, den Rücken an die Wand des alten Hauses gelehnt, und starrten auf ihre Knie. So blieben sie den ganzen Tag sitzen, bis es Zeit war, in die Möbelhandlung zu gehen.

»Sag, sollen wir eine Abschiedsparty machen?«, fragte Dimos seinen Freund Kosmas mit bitterem Lächeln. Kosmas antwortete nicht.

Sotiris erwartete sie schon in seinem Büro. Sobald sie eintraten, sagte er: »Morgen gehen wir noch einmal zum alten Flüchtlingshaus.«

»Warum? Müssen wir unseren Kram wegräumen?«, fragte Kosmas erschrocken.

»Nein. Ich habe Lefteris gebeten, auch hinzukommen. Mal sehen, vielleicht finden wir einen Weg, dass ihr bleiben könnt.«

»Sotiris, wenn du das schaffst, errichten wir dir ein Denkmal!«, rief Kosmas begeistert.

Sotiris bremste seine Begeisterung. »Immer mit der Ruhe! Mein Vater stammte auch aus Kleinasien, von ihm habe ich das türkische Sprichwort: ›Leg dich nicht vor deinem Esel ins Stroh.‹ Denn wenn dir der Esel wegläuft, suchst du dich dumm und dämlich. Wartet lieber ab, bis wir mit Lefteris gesprochen haben.«

Die Hoffnung stirbt zuletzt, da sie immer neue Nahrung bekommt. Am Abend zuvor waren sie aus Verzweiflung wach gelegen, an diesem Abend hielt sie die aufkeimende Hoffnung vom Schlafen ab.

*

Es war schon elf, als sie in der Kyriakou-Straße eintrafen. Lefteris, kleingewachsen, kahl und in Sotiris' Alter, war bereits da. Er hatte das Haus aufgeschlossen und erwartete sie draußen.

»Das sind Kosmas und Dimos, die beiden Obdachlosen, von denen ich dir erzählt habe«, stellte ihm Sotiris die beiden anderen vor.

»Sind die von euch?«, fragte Lefteris und deutete auf die schwarzen Abfalltüten.

»Ja. Wir haben uns hier niedergelassen, weil der

Ort abgelegen und vor fremden Blicken geschützt ist«, antwortete Kosmas.

»Ihr könnt im Haus wohnen. Es ist das Flüchtlingshaus meiner Familie, und ihr seid auf eure Art auch Vertriebene. Mein Vater ist auch als obdachloser Flüchtling nach Athen gekommen.«

Dimos und Kosmas wären ihm fast um den Hals gefallen.

»Vielen Dank!«, rief Dimos.

»Wie schön, dass es noch Menschen wie Sie gibt!«, rief Kosmas freudig.

»Ihr müsst nur wissen, dass das Haus seit Jahren leer steht. Es ist nicht möbliert, und es gibt weder Wasser noch Strom.«

»Das macht uns nichts aus«, versicherte ihm Dimos. »Wir breiten unsere Matten auf dem Boden aus. Auch ohne Wasser kommen wir zurecht, wir wissen, wie man sich welches besorgt.«

Lefteris machte die Haustür auf, und sie traten ein. Im Erdgeschoss lagen ein Zimmer und die Küche. »Oben sind noch zwei Räume«, sagte er.

»Was sollen wir damit? Der Raum unten ist groß genug für uns zwei«, bemerkte Kosmas lachend.

Sotiris blickte Lefteris nachdenklich an. »Was wäre, wenn ich auch hierherziehe?«, fragte er ein wenig unsicher.

»Ja, hast du denn keine eigene Wohnung?«, fragte Lefteris überrascht.

Sotiris erzählte ihm die Geschichte, wie es dazu kam, dass er in seinem Büro übernachtete. »Aber ab Montag sperren die Geschäfte wieder auf, und mein Sohn will mir aufs Neue einreden, dass es das Beste für mich sei, in ein Altersheim zu ziehen.«

Lefteris hörte Sotiris traurig zu. »Ich hätte dir gern ein Zimmer bei mir angeboten, aber meine Tochter hat mich in eine Souterrainwohnung verbannt«, sagte er. »Zu meinem Schutz, damit ich mich nicht anstecke. Jeden Tag bringt sie mir mit Maske und Handschuhen das Essen.« Er pausierte und schüttelte resigniert den Kopf. »Unsere Eltern sind als Flüchtlinge aus Kleinasien gekommen. Wir hingegen werden von unserer eigenen Familie vertrieben.«

Als er verstummte, schlug sich Sotiris mit der Hand an die Stirn. »Lefteris, wieso ziehen wir nicht alle hier ein? Wenn wir von unserer Familie genauso vertrieben wurden wie diese beiden Obdachlosen aus der Stadt, dann ist doch unser Platz hier, im Flüchtlingshaus.«

Lefteris war nicht prinzipiell dagegen, blieb aber skeptisch. »Das Haus ist leer. Es gibt keinen Tisch, an dem wir gemeinsam essen könnten, und auch kein einziges Bett.«

»Das ist einfach zu lösen. Betten, Tische und Stühle hole ich aus der Möbelhandlung. Ich bringe auch die Gasflasche mit, dann können wir kochen. Teller und Gläser bringen wir von zu Hause mit.«

»Ja, aber hier haben wir weder Licht noch Wasser.«

Sotiris zuckte mit den Achseln. »In meinem Laden kommen täglich Leute vorbei, die günstige Stromtarife anbieten. Und das Wasser kann sofort angeschlossen werden.«

Lefteris blickte Sotiris an und musste lachen. »Deshalb bist du Unternehmer geworden, und ich bin Buchhalter geblieben!«

*

Sotiris sprach mit seinem Sohn, und Lefteris mit seiner Tochter. Beide waren mit dem Plan einverstanden.

Zunächst wurden Strom- und Wasseranschluss geregelt. Danach erfolgte die Innenausstattung. Sotiris und Lefteris brachten Möbel und Küchenutensilien, Dimos und Kosmas halfen beim Aufstellen.

Nach einer Woche war das Haus bezugsfertig. Dimos und Kosmas richteten sich im Erdgeschoss ein, Sotiris und Lefteris bezogen die Zimmer im ersten Stock. Dann traten sie in den Hof hinaus und bewunderten zufrieden das Haus.

»Nur das Schild fehlt noch«, bemerkte Kosmas.

»Welches Schild?«, wunderte sich Lefteris.

»Coronaflüchtlingszentrum.«

Sotiris und Lefteris mussten lachen. Sie waren zu ihren Wurzeln zurückgekehrt.

Die drei Caballeros

Abend für Abend breiteten sie ihre Matten unter der Arkade vor dem Bankgebäude in der Athinas-Straße aus. Sie betteten sich hintereinander und nicht nebeneinander, sodass die Füße des einen den Kopf des anderen berührten.

Vor aller Augen hüllten sie sich in ihre Decken, die sich nur im Farbton unterschieden, aber allesamt schmutzig und voller Löcher waren. Sokratis und Periklis hatten jeweils an ihrem Kopfende einen Plastikbecher stehen, während Platonas seinen Metallbecher mit der Rechten festhielt. Beim morgendlichen Aufwachen waren die Becher in der Regel leer. Vielleicht fand sich mal ein 20-Cent-Stück in einem der drei, vielleicht auch zwei 10-Cent-Münzen, als kleine mildtätige Gabe von nächtlichen Passanten oder als Spende von Leuten, die gut gelaunt aus den Bars oder Esslokalen in Monastiraki gekommen waren und sich, bevor sie heimkehrten, großzügig zeigen wollten.

Vielleicht hätten die Athener ihnen den Spitznamen »die drei Caballeros« verpasst, wäre ihnen Tonis Maroudas' gleichnamiger Hit aus den düsteren Bürgerkriegsjahren noch geläufig gewesen. Ende der Vierzigerjahre war er in aller Munde, zumindest bei denen, die noch nicht auf entlegene Inseln deportiert worden waren.

Die drei Obdachlosen hingegen kannten das Lied noch aus ihrer Kindheit und nannten sich manchmal im Scherz so. Und obwohl sie mit den im Lied besungenen Vaqueros nichts zu tun hatten, passte die zweite Strophe perfekt auf sie: Auch sie brachen, genauso wie die südamerikanischen Rinderhirten im Lied, immer vom selben Ort auf.

Platonas bettelte an der Ecke der Ajias-Irinis-Straße, nicht weit von ihrem Schlafplatz entfernt. Gäbe es eine Auszeichnung für Bettler, so hätte Platonas für den Titel des gepflegtesten Bettlers Athens kandidieren können. Sein langes Haar war säuberlich nach hinten frisiert und sein Bart, der fast bis zur Brust reichte, perfekt getrimmt. Auf seinen Knien hielt er ein Pappschild mit der wohlformulierten Aufschrift »Bitte um eine milde Gabe«. Dann und wann stellte er das Pappschild neben seinem Schemel ab, zog selbstverliebt Kamm und Spiegel aus seiner Jackentasche und widmete sich der Bartpflege.

Sokratis und Periklis waren Mülltaucher, die

man – aufgrund ihrer Suche nach wertvollen Alt-metallen – als die Grabräuber der Moderne bezeichnen könnte. Die beiden grasten hauptsächlich die Innenstadtviertel ab, hielten sich jedoch von den Mülleimern rund um die Athinas-Straße fern, die das Revier der eingewanderten Grabräuber bildeten. Als sie einmal wagten, sich ihnen zu nähern, fiel gleich ein Dutzend Migranten verschiedenster afroasiatischer Provenienz über sie her. Sie hätten kräftige Prügel bezogen, wenn nicht gerade ein Streifenwagen vorbeigekommen wäre und die anderen zu einer ungeordneten Flucht gezwungen hätte.

»Lasst die Müllcontainer in dieser Gegend lieber in Ruhe«, sagte der Fahrer des Streifenwagens. »Das hier ist das Revier der Migranten. Wir waren nur ganz zufällig in der Nähe. Beim nächsten Mal habt ihr vielleicht nicht mehr so viel Glück.«

Da begriffen sie, dass sie »in der ganzen Pampa bekannt« waren, wie es auch im Lied heißt, und so beschlossen sie, lieber noch unentdeckte Gefilde zu erkunden.

Aber gab es überhaupt noch weiße Flecken auf der Landkarte? Griechische Mülltaucher haben ja eine interessante statistische Gemeinsamkeit mit Führungskräften aus der Wirtschaft: Einer von drei Griechen ist studierter Betriebswirt, einer von drei Obdachlosen ist »Grabräuber«.

Periklis und Sokratis beschlossen, einen Erkundungsfeldzug durchzuführen: Sie wollten verschiedene Viertel durchforsten, um herauszufinden, welche ihnen einen möglichst großen Ertrag bei möglichst geringer Gefahrenlage einbrachten.

Platonas verfolgte kopfschüttelnd ihr Gespräch: »Nehmt doch besser euren Plastikbecher, wählt einen guten Standort aus und widmet euch dem Betteln«, riet er ihnen. »Mülltauchen ist doch kein Beruf.«

»Lass mal, Platonas«, antwortete Periklis genervt. »Seit wann ist denn Betteln ein Beruf? Wir durchsuchen den Müll, sammeln nutzlos gewordene Dinge und verkaufen sie. Wir sind Händler. Was ist dagegen die Bettelei?«

»Geldwäsche«, meinte Sokratis und lachte sich die Seele aus dem Leib.

»Ihr werdet noch gehörig draufzahlen«, kommentierte Platonas und brach das Gespräch ab.

Sokratis und Periklis entwarfen noch am selben Abend einen generalstabsmäßigen Plan. Sokratis schlug vor, in den reichen Vororten anzufangen.

»Ja, aber wie kommen wir dorthin?«, fragte sich Periklis. »Jetzt gibt es nur noch elektronische Fahrkarten und Durchgangssperren. Wie sollen wir da unseren Einkaufswagen mitnehmen, selbst wenn wir Geld für ein Ticket auftreiben könnten?«

Mit einem Euro hatten sie einen Supermarkt-einkaufswagen mitgehen lassen. Antonis, der eine kleine Drogerie betrieb, hatte ihnen erlaubt, ihn in seinem Lager abzustellen.

»Wir könnten einen Einkaufswagen aus einem Supermarkt vor Ort holen«, schlug Sokratis vor. »Den Euro kriegen wir schon wieder rein. Dann stopfen wir unsere Funde in große Plastiktüten und transportieren sie so in der Stadtbahn.«

»Bist du noch bei Trost? Die Supermärkte haben doch alle Sicherheitspersonal. Wenn die sehen, dass wir einen Einkaufswagen mitnehmen, haben die uns gleich am Schlafittchen. Wer weiß, wie wir aus der Nummer dann wieder rauskommen.«

Schließlich einigten sie sich darauf, die Viertel abzuklappern, die sie zu Fuß erreichen konnten, also Gegenden am unteren Ende der Patission-Straße zwischen Viktoria-Platz und Kato Patissia.

»Ihr habt ja nicht alle Tassen im Schrank«, schlussfolgerte Platonas. »Der untere Teil der Patission ist der reinste Dschungel. Dort regieren nigerianische, afghanische und somalische Banden.«

Sie ignorierten seine Einwände, weil er ein notorischer Besserwisser war. Aber gleich am Anfang ihres Erkundungsgangs mussten sie erkennen, dass er recht hatte.

Als sie vom Viktoria-Platz weiter in Richtung

Attiki und Ajios Nikolaos vordrangen, sahen sie in allen Querstraßen Grüppchen von Afrikanern und Asiaten, die miteinander quatschten. In einigen Straßen waren auch lautstarke Auseinandersetzungen zu beobachten oder gar Schlägereien. Die einheimischen Bewohner huschten mit gesenktem Blick durch die Straßen und wagten kaum, sich umzublicken.

»Hat Platonas vielleicht doch recht?«, fragte Periklis Sokratis.

»Wie meinst du das?«

»Ja, siehst du denn nicht? Hier herrscht das Gesetz des Dschungels, und zwar wortwörtlich. Wenn wir uns hier auch nur einem Müllcontainer nähern, kriegen wir eins aufs Dach.« Er blickte Sokratis an und lächelte spitzbübisch. »Vielleicht sollten wir eine Genossenschaft gründen?«

»Eine Genossenschaft?«, wunderte sich Sokratis.

»Zusammen mit Platonas. Warum sollte es nur landwirtschaftliche Genossenschaften geben? Wir könnten doch eine Bettler-Genossenschaft ins Leben rufen. Unser Berufsstand ist doch durch das ausländische Kapital in Misskredit gebracht worden.«

Sokratis warf ihm einen skeptischen Blick zu. Diese Idee schien ihm übertrieben. Vielleicht hätten das die drei Caballeros geschafft, nachdem ihnen Tonis Maroudas zum Erfolg verholfen hatte. Aber drei Bettler waren »unter tausend Rindern allein auf weiter Flur«, wie es schon im Lied hieß.

»Komm«, sagte er knapp und ging forsch voran.

»Wohin denn?«, fragte Periklis.

»Es gibt nicht nur das eine Ende der Patission-Straße, sondern auch das andere«, erläuterte Sokratis.

Sie liefen die Agathoupoleos hoch und erreichten über den Ameriki-Platz den Stadtteil Kypseli. Hier war alles ruhig. In den Kafenions saßen Gäste, die in ihrer eigenen kleinen Welt lebten. Andere führten ihre Hunde Gassi. Eine Afrikanerin saß auf einem Steinbänkchen und sah ihren Kindern beim Spielen zu.

»Na, siehst du?«, meinte Sokratis zufrieden.

Periklis gab keine Antwort. Er hatte die Müllcontainer entdeckt, die an der Ecke Tenedou- und Ajias-Sonis-Straße standen: drei Stück auf der einen und zwei auf der anderen Seite der Fußgängerzone. Er blickte sich um und fand schließlich einen kleinen Ast, mit dem er sie durchwühlen konnte. Er öffnete den ersten, danach nahm er sich die übrigen vor.

Die Gegend war zwar friedlich und still wie das Meer bei Schönwetter, aber die Müllcontainer waren leer. Auch als sie die umliegenden Straßen abklapperten, bot sich ihnen immer dasselbe Bild. Als sie ans Ende der Megistis-Straße gelangt waren, hörten sie eine Stimme hinter sich.

»Ihr sucht hier ganz umsonst. Um diese Zeit werdet ihr nichts finden.«

Als sie sich umdrehten, erblickten sie einen glatzköpfigen Siebzigjährigen, der eine schäbige Jacke und Sportschuhe trug und ihnen entgegenlächelte.

»Warum werden wir nichts finden?«, fragte Sokratis.

»Weil sie morgens kommen und ihre Müllernte einfahren.«

»Die Einwanderer?«, wollte Periklis wissen.

»Was heißt Einwanderer? Landsleute! Die kommen zwischen sechs und sieben Uhr früh, weil sie beim Mülltauchen nicht erwischt werden wollen. Dann, wenn die Anwohner noch schlafen oder gerade beim Morgenkaffee sitzen.« Er pausierte kurz und fuhr dann fort: »Das sind teils Rentner, teils Arbeitslose. Die nehmen alles mit, von Essensresten bis hin zu Metall und Holz. Was sie um sechs Uhr früh vorfinden, weiß ich allerdings nicht. Die Müllabfuhr kommt kurz nach Mitternacht und leert die Container. Wer trägt denn seinen Müll mitten in der Nacht runter? Tja … Not macht erfinderisch, wie es so schön heißt. Zu den neuen Errungenschaften unserer Zeit zählt jetzt auch das Mülltauchen.«

Er wandte sich kopfschüttelnd zum Gehen. Die anderen beiden blickten ihm nachdenklich hinterher.

»Und was jetzt? Sollen wir schon um vier Uhr früh kommen?«, fragte Sokratis.

»Hast du nicht gehört, was der Typ gesagt hat? Die Müllabfuhr kommt um Mitternacht.«

»Richtig, aber sie leert ja nur die Hausmüll-Container. Die blauen Recycling-Container werden vermutlich von einer anderen Schicht geleert. Die Rentner und Arbeitslosen kommen deshalb so früh morgens, weil die blauen dann noch voll sind.«

»Ach was, wer trennt denn schon den Müll? Die Leute werfen doch alles in den erstbesten Container«, sagte Periklis.

Sokratis dachte kurz nach, und seine Miene hellte sich auf. »Ich hab's! Wir kommen einfach um elf Uhr abends, bevor die Müllabfuhr kommt.«

Als sie zu ihrem Schlafplatz zurückkehrten, erzählten sie Platonas ganz begeistert von ihrer Idee. Aber der stellte sich taub, hielt mit beiden Händen sein Pappschild mit dem Bettelspruch hoch und starrte unbeteiligt auf die Straße.

»Komm, lassen wir den Spinner«, sagte Periklis zu Sokratis.

Noch in derselben Nacht zogen sie los, und ihre Ausbeute war beeindruckend. Auch in den folgenden Nächten waren sie erfolgreich.

»Warum weiter die Hand aufhalten? Lass das Pappschild liegen, und komm mit uns, du Trantüte!«, meinte Periklis versöhnlich. »Die Ausbeute reicht für uns alle.«

Platonas hätte schon gern mitgemacht. In der letzten Zeit landeten mit jedem Tag weniger Münzen in seinem Becher. Aber zum einen fiel es ihm nicht leicht, seine Niederlage einzugestehen, zum anderen fürchtete er, seinen Posten aufzugeben, den sich sofort ein anderer unter den Nagel reißen würde. Wenn die Sache schiefging, würde er sich einen neuen Standort suchen müssen.

»Komm schon, das ist eine einmalige Gelegenheit!«, ermunterte ihn Sokratis, der seine skeptischen Gedanken zu lesen schien. »Seit drei Jahren müssen wir täglich befürchten, im Überlebenskampf irgendwann draufzugehen wie beim russischen Roulette, aber jetzt lacht uns das Glück! Ab morgen geht's bergauf!«

»Wie kommst du darauf?«

»Ein Typ in Kypseli hat uns erzählt, wo die wahre Müll-Pampa liegt«, erklärte ihm Periklis.

»Müll-Pampa?«, wunderte sich Platonas. »Jetzt seid ihr völlig durchgeknallt.«

»Er hat uns von der großen Müllhalde in den Olympischen Sportstätten von Neo Faliro erzählt, beim Dingsbums-Beach«, fügte Sokratis hinzu. »Morgen drehen wir dort eine erste Runde. Komm mit, wir gehen zusammen, vereint im Kampf, dann haben wir alle was davon! Das Geld reicht dann auch für die Stadtbahn-Tickets.«

Platonas schien darüber nachzudenken. »Jedem das Seine«, bemerkte er schließlich. »Ich bleibe Bettler.«

»Lass ihn doch! Wie kann man nur so stur sein!«, sagte Periklis erbost zu Sokratis.

Am nächsten Morgen beobachtete Platonas aus dem Augenwinkel, wie die beiden ihre Matten zusammenpackten. Einen Augenblick dachte er daran, doch noch mitzugehen, aber dann wies er die Versuchung von sich und stellte sich schlafend. Eine Stunde später stand er auf, rollte seine Matte ein, kämmte sich Bart und Haare, bezog auf seinem Klapphocker mit dem Pappschild auf den Knien Position und vergaß Sokratis, Periklis und die Olympischen Sportstätten.

Am Abend jedoch wartete er auf sie, weil er wissen wollte, wie es ihnen ergangen war. Nur, die beiden Caballeros kamen nicht. Platonas machte sich keine weiteren Gedanken. Wahrscheinlich übernachteten sie in der Olympia-Anlage, um morgen gleich weiterzumachen und sich das Geld für die Fahrt mit der Stadtbahn zu sparen. Mülltaucher und Bettler hatten schließlich kein Handy, um Bescheid zu sagen.

Als jedoch Sokratis und Periklis am nächsten Abend wieder nicht auftauchten, kriegte Platonas kalte Füße. Die ganze Nacht lang verharrte er auf seiner Matte und zerbrach sich den Kopf, was seinen Freunden zugestoßen sein könnte. Ihm kam es unwahrscheinlich vor, dass sie eine weitere Nacht in der »Müll-Pampa« verbrachten. Sie wären bestimmt zurückgekehrt, um ihre Ausbeute zu verkaufen.

Als Antonis, der Drogist, der ihren Einkaufswagen aufbewahrte, am nächsten Morgen seinen Laden aufsperrte, saß Platonas noch immer grübelnd da, den Kopf in beide Hände gestützt.

»Was ist los mit dir? Hast du ein Problem?«, fragte er besorgt.

»Ich nicht, aber Sokratis und Periklis, befürchte ich.«

»Wieso?«

»Weil sie schon zwei Nächte woanders verbracht haben. Sie sind auf Streifzug in der Pampa.«

»In der Pampa?«, fragte Antonis baff.

»So nannten sie die neue Bezugsquelle, wo sie ihr Zeug herkriegen.«

»Und wo liegt diese Pampa?«

»In der Olympia-Anlage von Neo Faliro.«

Antonis' Blick verdunkelte sich. Es lag ihm etwas auf der Zunge, das merkte Platonas ganz deutlich.

»Nur heraus mit der Sprache! Sag, wenn du etwas weißt.«

»Gestern wurden zwei unbekannte Tote in den Olympischen Sportstätten gefunden. Erstochen.« Als er Platonas' Gesichtsausdruck sah, versuchte er ihn zu beruhigen. »Aber das müssen ja nicht Sokratis und Periklis sein. Ich vermute, dort laufen jede Menge Leute herum, die genau denselben Job machen.«

Platonas blickte ihn verstört an. »Wie kann ich das herausfinden?«, brachte er schließlich über die Lippen.

»Ich habe es gestern Abend im Fernsehen gehört, aber dort wurden keine Einzelheiten genannt. Wahrscheinlich kann dir nur die Polizei weiterhelfen.«

Platonas überlegte. In seinem derzeitigen Leben mied er jede Begegnung mit der Polizei. Andererseits wusste er, dass er Höllenqualen leiden würde, wenn er nichts für seine Freunde unternahm.

Er holte seinen Kamm hervor und widmete sich der Pflege von Bart- und Kopfhaar. Wenn er schon um einen Besuch bei der Polizei nicht herumkam, wollte er doch alles dafür tun, um als ganz normaler Bürger behandelt zu werden.

Der diensthabende Beamte auf dem Polizeirevier am Omonia-Platz musterte ihn. »Du kommst mir bekannt vor«, sagte er und kramte in seinem Gedächtnis.

Platonas kam sofort zur Sache, um weiteren Bemerkungen zuvorzukommen. »Seit vorgestern vermisse ich zwei Freunde. Heute Morgen hat mir ein Bekannter erzählt, dass zwei Tote in der Olympia-Anlage von Neo Faliro gefunden wurden. Und nun frage ich mich, ob es die beiden sein könnten.«

»Was sind deine Freunde von Beruf?«, fragte der Beamte, als hätte das irgendeine Bedeutung.

»Sie sind arbeitslos, wie ich«, antwortete Platonas. Dass sie alle drei Bettler waren, ließ er aus Sicherheitsgründen unter den Tisch fallen.

»Es gibt nur einen einzigen Weg, wie du feststellen kannst, ob es deine Freunde sind. Ein Besuch in der Gerichtsmedizin, um sie zu identifizieren.«

Sie schickten ihn mit einem Streifenwagen auf den Weg. Während der ganzen Fahrt nagte die Ungewissheit an ihm. Zwischendurch fragte er sich, ob er die Sache nicht besser auf sich beruhen lassen sollte. Dann konnte er weiter fest daran glauben, die beiden anderen Caballeros hätten ihn einfach hängenlassen. Er würde sie verfluchen, aber in seiner Vorstellung wären sie immer noch am Leben.

Man brachte ihn in einen Warteraum, wo ihn ein Uniformierter bewachte – als ob die Streifenbeamten nicht genügt hätten. Anscheinend hatten sie Angst, er könnte ausbüxen. Kurz danach trat ein junger Mann in weißem Arztkittel herein, überreichte ihm einen Mundschutz und forderte ihn auf mitzukommen.

Er führte ihn in einen großen Saal. Platonas spürte die durchdringende Kälte. Dann erblickte er zwei Körper, die – von einem Tuch zugedeckt – auf Autopsietischen lagen. Der junge Arzt zog das Tuch so weit herunter, dass die Gesichter zu sehen waren.

Platonas erkannte Sokratis und Periklis, die mit weit aufgerissenen Augen an die Decke starrten.

»Hast du sie erkannt? Sind es deine Freunde?«, fragte ihn der junge Arzt.

Platonas machte den Mund auf, aber die Stimme versagte. Er konnte nur noch nicken. Plötzlich wurde ihm bewusst, dass die beiden Caballeros fort waren und er, wie Clint Eastwood, als einsamer Cowboy zurückgeblieben war. Während ihm

Tränen in die Augen traten, fluchte er innerlich. ›Vollidioten, ich hab's euch doch gesagt! Was hattet ihr in der Müll-Pampa zu suchen? Was wäre schlimm daran gewesen, mit Becher und Pappschild loszuziehen! Aber ihr wolltet ja unbedingt in den Altmetallhandel einsteigen!‹

Der junge Arzt deckte Sokratis' und Periklis' Gesichter wieder zu. »Komm mit!«, sagte er zu Platonas und klopfte ihm jovial und aufmunternd auf die Schulter.

»Wie sind sie umgekommen?«, fragte Platonas.

»Der eine starb durch einen Messerstich in die linke Schulter, der andere durch einen in die Brust. Beide wurden mit derselben Waffe angegriffen.«

Der uniformierte Beamte erwartete ihn schon im Büro. »Hat er sie erkannt?«, fragte er den jungen Arzt. Als dieser bejahte, wandte er sich an Platonas: »In Ordnung, dann mal los.«

»Los? Wohin?«, fragte der.

»Zum Präsidium, für eine Zeugenaussage.«

Auf dem Präsidium wurde er zunächst in einem kahlen Büroraum »geparkt«. Nach einer Viertelstunde erschien eine Beamtin mit einem Laptop.

»Ich höre«, sagte sie, und Platonas legte los.

Die Polizistin tippte in die Tasten, ohne ihn zu unterbrechen, bis Platonas mit einem Mal verstummte.

Die Polizistin blickte ihn neugierig an. »Warum erzählen Sie nicht weiter?«, fragte sie.

»Weil mir noch etwas eingefallen ist.« Und dann berichtete er der Polizistin von dem Abend, als Periklis und Sokratis ganz begeistert zu ihrem gemeinsamen Schlafplatz gekommen waren, nachdem jemand sie auf die Olympischen Sportstätten in Neo Faliro aufmerksam gemacht hatte. Dort könne man das große Geld machen, hieß es.

»Kannten die beiden den Typen?«, fragte die Polizistin.

»Nein. Soviel ich weiß, haben sie ihn damals zum ersten Mal gesehen.«

»Einen Moment.«

Sie verließ das Büro und kehrte kurz darauf mit einem circa sechzigjährigen Mann wieder, der sich als Kostas Charitos vorstellte. Die Polizistin sagte: »Herr Kommissar, ich glaube, dieser Herr hat Ihnen etwas Interessantes zu sagen«, meinte sie zu ihm.

»Bist du sicher, dass deine Freunde ihn zum ersten Mal gesehen haben?«, fragte ihn der Kommissar, nachdem Platonas seine Geschichte wiederholt hatte.

»So haben sie es mir jedenfalls erzählt, sie waren ganz aus dem Häuschen vor Freude.«

Der Kommissar blickte ihn grübelnd an. »Wir

müssen dich möglicherweise noch um etwas Geduld bitten«, meinte er zu ihm und dann zur Polizistin: »Bestellen Sie einen Mokka für unseren Freund.«

»Wie trinken Sie ihn?«, fragte die Polizistin.

»Schwarz«, antwortete Platonas. »Zucker kostet.«

Sie ließen ihn allein. Der Mokka wurde ihm nach kurzer Zeit gebracht, doch erst eine halbe Stunde später kamen die beiden Polizeibeamten zurück. Sie nahmen ihm gegenüber Platz und blickten ihn stumm an. Da das Leben Platonas misstrauisch gemacht hatte, fühlte er sich unbehaglich. Dieses Gefühl zerstreute sich jedoch, als der Kommissar sein Schweigen brach.

»Möchtest du, dass wir den Mörder deiner Freunde finden?«, fragte er.

»Klar«, antwortete Platonas aufatmend. »Sokratis und Periklis waren meine Familie, ich hab sonst keine.«

»Würdest du uns helfen, den Täter zu finden?«, fuhr der Kommissar fort und fügte hinzu: »Dazu können wir dich nicht zwingen. Aber wenn du uns hilfst, finden wir ihn mit Sicherheit.«

Platonas zögerte keine Sekunde. »Was muss ich tun?«, wollte er wissen.

»Du hast uns erzählt, dass deine Freunde zuerst

in Kypseli waren und dort die Müllcontainer durchwühlt haben, ohne Erfolg. Wir glauben, dass der Täter sich ihnen aus genau diesem Grund genähert hat: weil sie neu in der Gegend waren. Auf Migranten wäre er nicht zugegangen, weil er befürchten musste, dass wir ihn dann leicht aufgespürt hätten. Daher wollen wir, dass du dasselbe tust wie deine Freunde: Mülltauchen.«

Er sah Platonas' besorgte Miene und beeilte sich, seine Bedenken zu zerstreuen. »Keine Angst, wir lassen dich nicht allein. Es wird dich jemand beschatten. Wir sagen dir aber nicht, wer. Denn sonst schielst du immer wieder zu ihm rüber und lenkst so die Aufmerksamkeit auf ihn. Außerdem wird es jeden Tag jemand anderer sein.« Er hielt inne und blickte ihn an. »Nun, was sagst du dazu?«

Platonas zögerte. Nicht weil er Angst hatte, sondern weil er nicht wusste, ob er es hinkriegen würde. Schließlich meinte er: »Wann geht's los?«

»Wenn du dazu bereit bist, noch heute Abend«, lautete die Antwort des Kommissars.

Kaum war er in die Athinas-Straße zurückgekehrt, stattete er Antonis einen Besuch in seiner kleinen Drogerie ab. Er erzählte ihm, die beiden Toten in den Olympischen Sportstätten seien tatsächlich Sokratis und Periklis. Danach übergab er ihm seinen Klapphocker und sein Pappschild zur Aufbewahrung, mit der Erklärung, er sei von der Identifizierung der Toten fix und fertig und habe gerade keine Kraft zum Betteln.

Bei Einbruch der Nacht machte er sich mit zwei großen Mülltüten unterm Arm auf den Weg. Er hatte mit dem Kommissar abgemacht, dass er bei den Müllcontainern Ecke Lelas-Karajanni- und Ajias-Sonis-Straße anfangen würde.

Der erste Abend verlief ruhig. Er bog links in die Ajias-Sonis ein und ging weiter bis zur Lesvou-Straße, doch niemand sprach ihn an. Am Morgen bezog er wieder seinen Bettler-Posten. Nicht so sehr wegen der Einnahmen, die ihm sonst entgangen wären, sondern eher, um nicht den Eindruck zu erwecken, dass sich an seiner täglichen Routine etwas geändert hatte.

Am sechsten Abend jedoch, als er in den Containern an der Ecke Megistis- und Kallifrona-Straße wühlte, näherte sich ihm ein großgewachsener, bulliger und durchtrainierter Glatzkopf. Er blieb neben ihm stehen und musterte ihn, die Hände in den Taschen seiner Lederjacke vergraben. Platonas spürte, wie ihn ein Schauer überlief, während er tat, als ob nichts sei, und sich nicht nach dem Fremden umwandte.

»Hier, wo du wühlst, wirst du nur nutzlosen

Schrott finden. Die wahren Schätze liegen anderswo«, sagte der riesenhafte Kerl.

Platonas konnte seinem Blick nicht mehr ausweichen. »Schrott ist genau das, was ich suche«, versuchte er mit fester Stimme zu antworten. »Mir ist schon klar, dass man hier keine Schätze findet.«

»Hast du's schon mal bei den Olympischen Sportstätten in Neo Faliro probiert? Dort kannst du reiche Ernte einfahren.«

Platonas ließ seine Mülltüte sinken und steckte die Fäuste in die Jackentaschen, um ihr Zittern zu verbergen. »Meinst du? Davon hab ich noch nie gehört«, sagte er vorsichtig.

»Morgen Nachmittag bin ich auch dort. Du findest mich auf dem Beachvolleyball-Feld. Dann zeig ich dir, wo die Goldminen liegen«, sagte der Bodybuilder-Typ. Und weg war er.

›Das also war der Dingsbums-Beach, wie sich Sokratis ausgedrückt hat‹, dachte Platonas. Er hatte also den beiden anderen genau denselben Treffpunkt angegeben.

Auf dem Rückweg zerbrach er sich den Kopf, wie er mit dem Kommissar in Verbindung treten konnte. Er brauchte neue Anweisungen. Die Frage klärte sich, als ihm in der Athinas-Straße plötzlich ein dreißigjähriger Mann in den Weg trat und einen

Dienstausweis aus der Jackentasche holte. Er zog ihn am Arm in eine dunkle Ecke.

»Was hat der Typ, der dich am Müllcontainer angesprochen hat, zu dir gesagt?«, fragte er. Platonas wiederholte ihm wortwörtlich das ganze Gespräch. »Schön, dann gehst du morgen dorthin«, sagte der Polizist. »Mach dir keine Sorgen, wir kümmern uns um deine Sicherheit. Und vergiss nicht, deine Mülltüten mitzunehmen. Er darf nicht den geringsten Verdacht schöpfen.«

Platonas verbrachte die Nacht und den darauffolgenden Morgen äußerst unruhig und angespannt. Gegen fünf Uhr nachmittags stieg er in die Athener Stadtbahn und fuhr bis Neo Faliro.

In der Olympia-Anlage schaute er sich um. Was für eine geniale Falle, in die der Hüne seine Gefährten gelockt hatte. Der Ort war genau so, wie ihn die beiden Caballeros beschrieben hatten: eine Müll-Pampa, so weit das Auge reichte. Von Mülltüten und ruinösen Zuschauerbänken bis hin zu Metallzäunen und Eisengittern gab es hier Abfall und Schrott für jeden Geschmack und Gebrauch. Man musste nicht mal eine Auswahl treffen, man konnte einfach alles Herumliegende nehmen.

»Hab ich's nicht gesagt? Hier ist eine wahre Goldgrube!«, hörte er eine Stimme hinter sich sagen. Als er sich umdrehte, erkannte er den Riesenkerl, der ihm zulächelte. Angst überfiel ihn, und er hätte am liebsten Reißaus genommen. Aber es gelang ihm, sich zu beherrschen.

»Komm mit mir, ich zeig dir, wo die Leckerbissen sind.«

Platonas folgte ihm zur Mitte des Spielfeldes. Dort lag die eigentliche Müllhalde, unter der das Spielfeld völlig verschwand.

»Die Mülltüten sind uninteressant, such lieber ein bisschen weiter unten. Dort liegt der geheime Schatz!«, sagte der Hüne.

Platonas gehorchte, während er sich selbst verfluchte, dass er sich – unter Einsatz seines Lebens – auf dieses gefährliche Spiel eingelassen hatte. Er bückte sich, um eine Schicht tiefer zu wühlen.

Plötzlich hörte er einen lauten Ruf hinter sich. »Keine Bewegung, sonst bist du dran!«

Erschrocken fuhr er hoch und erblickte vier Polizeibeamte, die ihre Waffen auf den Hünen gerichtet hielten.

»Raus mit der Hand aus der Jacke, und Hände hoch! Bei der kleinsten Bewegung knallt's!«

Der Riesenkerl hob die Hände hoch. Drei von den Polizeibeamten behielten ihn weiter im Visier, während der vierte auf ihn zuging, ihm die Arme auf den Rücken drehte und Handschellen anlegte.

Erst dann ließen die Einsatzleute ihre Waffen sinken.

Platonas sah, wie der Kommissar aus einiger Entfernung auf sie zukam. »Schau in seiner rechten Jackentasche nach«, meinte er zu einem Beamten.

Der Polizist zog sich einen Chirurgenhandschuh über und beförderte ein Messer ans Tageslicht. »Tatwaffe sichergestellt, Herr Kommissar«, rief er triumphierend.

Der Hüne wandte sich um und fixierte Platonas. »Das war abgesprochen, oder?«, fragte er. »Du warst der Lockvogel.«

»Warum hast du sie umgebracht?«, wollte Platonas von ihm wissen.

»Wen?«

»Meine beiden Freunde, die du, genau wie mich, hierhergelockt hast. Wieso hast du sie getötet?«

»Schau dich doch um«, antwortete der Riese. »Was siehst du? Unrat. Erinnerst du dich noch an die vergangenen Zeiten? Weißt du noch, wie es bei der Eröffnungs- und der Abschlusszeremonie der Olympischen Spiele war? Wie auf den T-Shirts der jungen Frauen die griechische Flagge wogte? Was ist davon noch übrig?« Er blickte die Polizeibeamten an. »Müll! Nichts als Müll! Auf Schritt und Tritt nur armselige Überreste einstiger Größe!« Sein Blick löste sich von den Beamten und richtete sich auf Platonas. »Und du und deine Freunde, ihr seid auch nur Müll. Menschlicher Unrat. Ich habe euch hierhergebracht, damit ihr eins werdet mit dem anderen Müll. Die Olympia-Anlage kann ich nicht vom Abfall säubern, aber den menschlichen Unrat kann ich entsorgen. Das ist mein Beitrag, um den Geist der Olympischen Spiele hochzuhalten.«

»Es waren aber nur meine Freunde Mülltaucher, ich nicht«, meinte Platonas.

»Du bist kein Mülltaucher? Was bist du dann?«

»Ich bin Bettler.«

Dem Hünen gingen die Augen über, und er trat einen Schritt zurück. »Bettler? Warum hast du das nicht gleich gesagt? Hätte ich das gewusst, dann hätte ich dir kein Haar gekrümmt.«

»Wieso nicht?«, fragte der Kommissar.

»Weil die Bettler zum Symbol für Griechenland geworden sind. Das Land geht doch auch am Bettelstab. Jeden Morgen heißt es: Wen soll ich heute anbetteln? Die Bettler sind die Wahrzeichen der Nation. Und die taste ich nicht an!«

Die Polizeibeamten nahmen den Hünen mit zum Streifenwagen. Vor dem Losfahren klopfte der Kommissar Platonas freundschaftlich auf die Schultern. »Bravo, du bist ein grundanständiger Mensch«, meinte er.

Es war die erste Nacht nach Sokratis' und

Periklis' Tod, in der Platonas tief und fest schlief. Am nächsten Morgen erschien er später als sonst auf seinem Posten, da er ein neues Pappschild schreiben musste. Er bat Antonis um eine Kartonkiste und einen Filzschreiber. Dann trennte er den Boden der Kiste heraus und schrieb darauf:

Eine milde Gabe für den Bettler,
Wahrzeichen der griechischen Nation

Hätte nun ein Wirtschaftsstatistiker neben Platonas Platz genommen und seine Einnahmen gezählt, dann hätte er feststellen können, dass sein Umsatz mit dem neuen Pappschild um gut fünfundzwanzig Prozent in die Höhe schnellte.

Restaurant Karagöz

Wenn die Zugreisenden den Bahnhof verließen, kamen sie, gleich hinter der Straßenbahnhaltestelle, unweigerlich an den Ort, wo sich zwei Grillimbisse gegenüberstanden. Links konnte man in der manchmal gebräuchlichen türkisch-deutschen Schreibweise auf einem Schild »Türkisch Döner« lesen, und gegenüber prangten die Lettern »Gyros« über dem Lokal. Offenbar war der Inhaber der Meinung, dieses eine Wort verstehe jeder, da viele Deutsche Gyros oder Souflaki aus ihren Ferien in Griechenland kannten.

Beide Imbissstuben, wie man solche Lokale in Deutschland nennt, hatten täglich von frühmorgens bis spätabends geöffnet. Aber die Leute, die aus dem Bahnhof strömten, hatten oftmals keine Lust auf Döner oder Gyros. Sie waren entweder unterwegs zur Arbeit oder auf dem Nachhauseweg.

Die Kunden trafen erst am Abend ein, wenn sich der Bahnhof zum Migrantentreffpunkt wandelte.

Griechen und Türken verbrachten dort ihren Feierabend. Ein altes griechisches Lied handelt von einem Liebespaar, das es zusammen nicht aushält, aber auch nicht getrennt leben kann. Doch das trifft es in dem Fall nicht, vielmehr hielten sie es zusammen wirklich nicht aus und gingen sich deshalb aus dem Weg. Die Griechen verkehrten mit Griechen und die Türken mit Türken.

Zur Essenszeit bildeten sich eine türkische Schlange vor dem Döner-Laden und eine griechische vor dem Gyros-Grill. Es kam schon ab und zu vor, dass ein Türke ein Gyros aß und ein Grieche einen Döner, aber solche Ausnahmen blieben selten.

Die Inhaber hießen Achmed und Stavros. Obwohl sie Nachbarn waren, hegten sie keine freundschaftlichen oder gutnachbarlichen Gefühle füreinander. Ganz im Gegenteil: Sie waren ständig auf Streit aus.

Achmed sperrte seinen Grill immer als Erster auf, Stavros war erst später zur Stelle. Jedes Mal, wenn er das Fleisch aufspießte und anheizte, fuhr Achmed aus der Haut.

»Der Gottlose macht Döner mit Schweinefleisch, und ich muss den Gestank ertragen. Ständig weht er bis zu mir herüber. Wie das stinkt! Döner mit Schweinefleisch, nicht zu fassen …«

Das sagte er nicht leise und mehr zu sich selbst, sondern lautstark in seinem gebrochenen Deutsch, damit es Stavros auch ja hörte.

Der schimpfte zurück. »Nur weil ihr kein Schweinefleisch esst, dürfen wir auch keins essen? Die Deutschen und wir Griechen lieben Schweinefleisch. Sollen wir wegen euch darauf verzichten? Wir sind hier in Deutschland, kapier das mal!«

Kurz darauf flammte die Auseinandersetzung wieder auf, nur diesmal andersherum. Immer wenn ein Kunde bei Achmed »Dürüm« bestellte, also Döner in einem dünnen, gerollten Weizenfladen, machte Stavros eine Pause, um die Zubereitung zu beobachten. Sobald der Kunde weg war, begann er mit den Sticheleien.

»Ihr wickelt das Gyros in Fladen, so dünn wie Blätterteig? Das ist doch kein Gyros. Das ist doch Börek, gefüllt mit Gyros.«

»Und, was macht ihr mit eurem Fladenbrot? Ihr stopft Döner hinein, als würdet ihr gefüllte Weinblätter machen.«

An diesem Punkt wurde Stavros sauer. »Wir in Griechenland machen die leckersten Blätterteigpittas«, rief er Achmed zu. »In Jannina und Karditsa isst man die köstlichsten Pittas der Welt! Ali Pascha, der türkische Statthalter, konnte nicht genug davon bekommen, aber ihr habt nichts daraus gelernt.«

Achmed hatte die Antwort parat. »Du kapierst es einfach nicht: Was ihr Blätterteigpitta nennt, ist nichts anderes als Börek. Ihr nennt das Börek Pitta und verpasst dem Döner auch noch den Namen ›Gyros Pitta‹. Versteht ihr in Griechenland denn gar nichts vom Essen, ihr Stümper?«

Dieser Streit war ein morgendliches Ritual und setzte sich den ganzen Tag fort. Es war wie ein tägliches Trainingsprogramm. Die abendlichen Besucher des Bahnhofsviertels bekamen das mit. Sie stießen dann manchmal dazu und verfolgten das Duell. Die Türken feuerten Achmed an und die Griechen Stavros, wie es die Fans zweier gegnerischer Mannschaften tun.

Achmeds Frau Ayşe schickte ihre Kinder jeden Morgen zur Schule, bevor sie im Imbiss mit anpackte. Die tägliche Streiterei ging ihr auf die Nerven, aber sie sagte nichts.

Als eines Abends der Wettkampf vorbei und das Publikum gegangen war, fragte Ayşe ihren Mann: »Was meinst du, wollen wir den Griechen nicht mal zu uns zum Essen einladen?«

Achmed war zuerst sprachlos, dann warf er ihr einen schrägen Blick zu.

»Bist du noch bei Trost? Soll ich den Stinker auch noch bei mir zu Hause verköstigen?«

»Wir laden sie ein, damit sie sehen, wie wunderbar die türkische Küche ist. Meiner Meinung nach ist das der einzige Weg, um ihm den Mund zu stopfen. Zusammen mit dem Essen wird er dann auch seine Beschimpfungen hinunterschlucken.«

Achmed dachte nach und gab seiner Frau recht. Das war der einzige Weg, den Griechen zum Schweigen zu bringen.

»Einverstanden, aber du lädst ihn ein.«

»In Ordnung.«

Am nächsten Morgen ging Ayşe zuerst hinüber zu Stavros' Grill. Sie begrüßte ihn auf Deutsch. Stavros verschlug es vor Überraschung die Sprache. Aber er fing sich schnell und erwiderte den Gruß. Ayşe sprach besser Deutsch als ihr Mann.

»Ich möchte euch am Sonntagabend zu uns zum Essen einladen«, sagte Ayşe zu Stavros. »Passt euch das?«

Das war für Stavros die zweite und noch viel größere Überraschung. Bei Ayşes Eintreffen war er davon ausgegangen, sie wolle sich in den Streit einmischen, doch ganz im Gegenteil, sie war sehr freundlich.

»Vielen Dank, ich bespreche es mit meiner Frau und gebe morgen Bescheid«, brachte er gerade noch heraus.

»Ich würde mich sehr freuen, wenn ihr kommt«, sagte Ayşe und verabschiedete sich.

Zum Glück traf in dem Moment Kundschaft ein und half Stavros aus der Verlegenheit. Kaum waren die Gäste gegangen, rief er zu Achmed hinüber: »Deine Frau hat uns am Sonntagabend zum Essen eingeladen.«

»Ihr seid bei uns willkommen. Meiner Frau schlage ich keinen Wunsch ab«, lautete Achmeds Antwort.

Stavros' Frau Maria arbeitete in einer Kleiderreinigung. Sie hatten zwei Kinder, einen Jungen und ein Mädchen. Als Stavros nach Hause kam, schliefen die Kinder schon. Maria wartete am Küchentisch auf ihn.

Stavros konnte es kaum erwarten, Maria von der Einladung zu erzählen. Noch bevor er Platz genommen hatte, platzte es aus ihm heraus. Maria hörte ihm erstaunt zu.

»Die Einladung auszuschlagen wäre unhöflich«, meinte sie. »Außerdem hast du mir erzählt, dass ihr jeden Tag streitet. Wenn wir nicht hingehen, wird es noch schlimmer. Wenn wir die Einladung annehmen, hilft euch das Essen und das Zusammensein vielleicht, auch sonst besser miteinander klarzukommen.«

»Ja, aber was ist mit den Kindern?«

»Die Kinder kommen mit. Sie haben doch die ganze Familie eingeladen, oder?«

Am nächsten Morgen winkten sich Achmed und Stavros zum ersten Mal zu. Beide schwiegen. Die Auseinandersetzung war auf Eis gelegt. Als Ayşe auftauchte, ging Stavros auf sie zu.

»Vielen Dank für die Einladung. Wir kommen gerne«, sagte er.

»Darüber freue ich mich sehr. Dann bis Sonntag!«, erwiderte Ayşe mit einem breiten Lächeln.

»Können wir auch die Kinder mitbringen?«

»Natürlich, dann sind unsere nicht allein.«

Stavros bedankte sich noch einmal. Während er zu seinem Grill zurückkehrte, brummte Achmed hinter ihm her: »Kommt nur, dann lernt ihr, wie man richtig isst.«

Das Hickhack verstummte vorläufig, als hätten die beiden einen Waffenstillstand geschlossen. Das Publikum kam weiterhin, doch die Arena blieb leer.

Am Sonntagabend standen die Stammkunden der beiden Grillimbisse vor geschlossenen Türen. Anfangs blickten sie sich verwundert an. Dann ergingen sie sich in Vermutungen. Sie fragten sich, ob es den Inhabern vielleicht gesundheitlich nicht gut ging, aber es konnten ja nicht beide am selben Tag zur selben Uhrzeit erkrankt sein. Oder war vielleicht der Streit zwischen den beiden eskaliert, sodass die Polizei gekommen war und sie aufs Revier mitgenommen hatte?

Schließlich zuckten die Kunden die Achseln und gingen zurück zum Bahnhof, aßen dort etwas und philosophierten weiter.

Stavros und seine Familie trafen pünktlich um sieben Uhr bei Achmed zu Hause ein. Ayşe empfing sie. Achmed und die beiden Söhne standen an der Wohnzimmertür. Die Erwachsenen gaben einander die Hand. Die Kinder nannten einander ihre Namen und begannen sich in akzentfreiem Deutsch zu unterhalten.

Ayşe führte Stavros und Maria ins Wohnzimmer, wo auch der gedeckte Esstisch stand. Ayşe begann das Gespräch mit der üblichen türkischen Einleitung.

»Und, wie geht es euch?«

Die Griechen waren an diese Einleitung gewöhnt. So begann man auch bei ihnen das Gespräch. »Uns geht es gut, und euch?«, antwortete Maria.

Diesmal kam die Antwort von Achmed. »Uns geht es auch gut, Gott sei Dank.«

Dann folgte Schweigen. Sie wussten nicht, wie weiter. Schließlich fand Ayşe die Lösung.

»Seit wann seid ihr schon in Deutschland?«, wollte sie von Maria wissen.

»Stavros kam 1967, als in Griechenland die Diktatur der Obristen begann, ich selbst zwei Jahre später. Wir haben uns hier kennengelernt und geheiratet. Und wie hat es euch hierher verschlagen?«

»Achmed war zuerst hier. Nach zwei Jahren besuchte er seine Familie in der Türkei. In der Zeit haben wir uns kennengelernt. Kurz darauf haben wir geheiratet und uns gemeinsam in Deutschland niedergelassen.«

Nun war auch dieses Gesprächsthema erschöpft. Die Männer hätten natürlich über Berufliches sprechen können, aber beide hüteten sich davor, weil sie fürchteten, es könnte im üblichen Streit münden.

Die Lösung kam wieder von Ayşe. »Nehmt doch Platz«, sagte sie und wies auf den Esstisch, bevor sie die Kinder aus dem Nebenzimmer holte.

Sie hatte drei Gerichte vorbereitet: gefüllte Tomaten und Paprika, gefüllte Auberginen und Hackfleischbörek.

Als Stavros' Tochter Anna das Gemüse sah, fragte sie ihre Mutter auf Deutsch: »Mama, sind das nicht die Schuh-Auberginen?«

Ayşe war sprachlos. »Hast du das Essen gerade mit Schuhen verglichen?«, fragte sie Anna. »Du meinst solche Schuhe, wie wir sie an den Füßen tragen?«

»Ja«, kam Maria lachend ihrer Tochter zu Hilfe. »Wir sagen Papoutsakia zu dieser Speise, das heißt

›Schühchen‹.« Achmed, Ayşe und ihre Kinder fanden das lustig. »Und wie heißt dieses Gericht bei euch?«, fragte Maria.

Achmed und Ayşe blickten sich an. Sie wussten nicht, wie sie die Bezeichnung ins Deutsche übersetzen sollten. Der Sohn Yavuz kam ihnen rasch zu Hilfe. »Karnıyarık, das heißt ›aufgeschlitzter Bauch‹.«

Jetzt waren Stavros und Maria an der Reihe, amüsiert zu sein. »›Aufgeschlitzte Bäuche‹ gibt es bei uns auch oft zum Essen«, sagte Maria immer noch lachend. »Und gefüllte Tomaten und Paprika machen wir auch.«

Achmed wandte sich an Stavros. »Du bist doch immer so stolz auf die griechischen Blätterteigpittas. Probier doch, wie dir unser Börek schmeckt.«

Stavros und Maria nahmen ein Stück. »Wunderbar!«, sagte Maria zu Ayşe. »Du bist eine außerordentlich gute Köchin.«

Auch den Kindern schmeckte es köstlich. Sie verlangten noch ein Stück, und noch eins.

»Esst ihr in Griechenland Börek mit Hackfleisch?«, fragte Achmed Maria.

»In manchen Gegenden schon, aber eher selten. Normalerweise essen wir es mit Spinat, Lauch oder Zucchini und nennen es nicht Börek, sondern Pitta.«

Bald waren alle pappsatt, lehnten sich auf den Stühlen zurück und atmeten durch. Ayşe und Maria plauderten über dies und das, und die Kinder kehrten ins Nebenzimmer zurück. Stavros und Achmed saßen beieinander, ohne ein Wort zu wechseln.

Achmed griff zur naheliegendsten Frage, um das Schweigen zu brechen. »Und, wie hat es euch geschmeckt?«

»Hervorragend! Jetzt müsst ihr aber auch mal zu uns zum Essen kommen.«

Maria und Ayşe hatten bereits den kommenden Sonntag ins Auge gefasst. Langsam wurde es Zeit aufzubrechen. Am Morgen mussten die Kinder in die Schule und die Erwachsenen zur Arbeit. Die Kinder umarmten sich zum Abschied, und die Erwachsenen bestätigten die Verabredung für Sonntag.

Am nächsten Tag begrüßten sich Stavros und Achmed per Handschlag. In jeder Pause, die die Arbeit zuließ, unterhielten sie sich über das Essen am Abend zuvor, so wie sich Frauen manchmal aus den Fenstern lehnen, um mit der Nachbarin von gegenüber zu plaudern.

Irgendwann kam Achmed hinüber zu Stavros' Grill. »Lass mich mal dein Gyros kosten«, sagte er.

Stavros warnte ihn. »Sehr gerne, aber es ist mit Schweinefleisch.«

»Das macht nichts. Ich sage dem Imam, dass ich es nicht wusste, dann vergibt er mir.«

Er biss ab. »Es schmeckt sehr gut«, lautete sein Kommentar, und voller Appetit verspeiste er auch den Rest.

Nun war Stavros an der Reihe, den Höflichkeitsbesuch zu erwidern. Er wollte vom Döner probieren.

»Was ist das für ein Fleisch?«, fragte er beim ersten Bissen.

»Kalb«, sagte Achmed.

»Euer Spieß schmeckt auch prima«, bemerkte Stavros und aß ein ganzes Dürüm Kebab mit knusprigen Fleischstückchen in der dünnen Weizenfladenrolle.

Sie hatten keinen Grund mehr zu streiten. Die Kunden, die Zuschauer waren, beziehungsweise die Zuschauer, die Kunden waren, trauten ihren Augen nicht. Sie erlebten keinen Konkurrenzkampf mehr zwischen Gegnern, sondern fair miteinander umgehende Spieler aus ein und derselben Mannschaft. Diese freundschaftliche Beziehung enttäuschte sie am Anfang, da sie das Schauspiel der Kampfhähne vermissten, aber schon nach ein paar Tagen gab es immer mehr Gyros essende Türken und ebenso viele Döner essende Griechen.

So verging die Woche. Am folgenden Sonntag

schlossen die Grillimbisse wieder früh. Diesmal klopfte Achmeds Familie an die Tür von Stavros und Maria. Die Begrüßung hatte sich verändert. Stavros und Achmed schüttelten sich die Hände. Maria küsste Ayşe auf die Wange, während sich die Kinder umarmten.

Auch das Gespräch hatte sich entspannt. Sie hatten sich viel zu erzählen. Amüsiert beschrieben Stavros und Achmed die Reaktionen der Kundschaft.

Sie nahmen am Esstisch Platz, und Maria servierte die Speisen. Sie hatte gefüllte Weinblätter Jalantzi, Auberginen Imam und Moussaka gemacht.

»Nachdem du gefüllte Tomaten und Paprika gemacht hast, habe ich mir gedacht, ich bereite gefüllte Weinblätter Jalantzi zu«, sagte sie zu Ayşe.

Ayşe traute ihren Augen nicht. »Yalancı heißen sie bei euch?«

»Ja.«

»Genau wie bei uns!« Dann deutete sie auf die Auberginen Imam. »Und wie nennt ihr die Auberginen?«

»Imam baildi«, erwiderte Maria.

Ayşe wandte sich an Achmed. »Nicht zu glauben! Nicht nur die Gerichte sind gleich, auch ihre Namen: Imam Bayıldı!« Dann deutete sie auf die dritte Speise. »Ist das hier Moussaka?«

»Ja.«

»Das bereiten wir auch zu, aber anders. Davon nehme ich gern ein wenig, ich bin gespannt, wie es schmeckt.«

Maria legte ihr eine Portion auf den Teller, und Ayşe kostete. »Du bist eine fabelhafte Köchin! Es schmeckt großartig. Und was ist diese Creme obendrauf?«

»Béchamelsoße.«

»Aha, das kennen wir nicht. Gibst du mir das Rezept?«

»Gerne.«

Achmed und Ayşe wussten nicht mehr, was sie denken sollten. Eigentlich wollten sie den Griechen mit ihren türkischen Gerichten den Mund stopfen, aber die aßen genau dasselbe! Als er sich von seiner Überraschung erholt hatte, brannte Achmed noch eine Frage auf der Zunge.

»Esst ihr echt auch Imam Bayıldı?«

»Was denkst du denn! Nicht nur wir, sondern ganz Griechenland!«

Jetzt probierten sie nicht nur den Döner und das Gyros des anderen, sondern sie erkannten, dass sie eine gemeinsame kulinarische Tradition hatten.

Eines Morgens ging Stavros, noch bevor er seinen Grill anwarf, zu Achmeds Imbiss hinüber. »Ich hätte da eine Idee«, sagte er.

»Ja?«

»Zwei Straßen weiter liegt ein pakistanisches Restaurant.«

»Ich weiß.«

»Es hat zugemacht. Wie wäre es, wenn wir zusammen ein griechisch-türkisches Restaurant eröffnen?«

Achmed dachte kurz nach. »Keine schlechte Idee, aber wo bekommen wir das Geld her?«

»Schauen wir uns zuerst die Räume an und fragen, wie hoch die Miete ist. Vielleicht gelingt es uns, einen Kredit aufzunehmen.«

Am nächsten Morgen wollten sie sich das Restaurant mal ansehen. Zuerst klapperten sie die umliegenden Geschäfte ab, fanden so heraus, wer der Inhaber war, und ließen sich dann von ihm das Lokal zeigen. Die Miete war ziemlich hoch, doch es war mit Tischen und Stühlen ausgestattet und die Küche betriebsbereit.

Nun stand der zweite Schritt an: der Besuch bei der Bank. Der Filialleiter blickte sie überrascht an. »Sie planen ein griechisch-türkisches Restaurant?«, fragte er ungläubig.

»In Deutschland gibt es viele türkische und viele griechische Lokale, das wissen wir«, erläuterte Stavros dem Filialleiter. »Aber wir wollen ein Restaurant mit türkischer und griechischer Küche eröffnen. Man kann je nachdem entweder türkische oder griechische Gerichte bestellen oder beides zusammen.«

Der Filialleiter lachte. »Nach der Eröffnung werde ich Stammkunde«, sagte er. »Mit der Familie haben wir Ferien sowohl in der Türkei wie auch in Griechenland gemacht. Uns schmeckt die Küche beider Länder.«

Schließlich genehmigte der Filialleiter den Kredit, allerdings war er kleiner als erhofft.

Jetzt war die Zeit reif für den nächsten Schritt: Die beiden Ehepaare trafen sich ohne die Kinder zu einer Besprechung. Die erste Entscheidung fiel ihnen leicht: Die beiden Grillimbisse würden schließen, da sie keine Existenzberechtigung mehr hatten.

Die zweite Frage betraf die Küche. Auch die konnte einfach gelöst werden. Ayşe und Maria würden dort regieren. Sie würden die Speisen auswählen und zubereiten.

Achmed hakte nach. »Aber wie soll das gehen? Kochen sie dann dieselben Gerichte nach türkischem und griechischem Rezept?«

»Nein«, antwortete Stavros. »Wenn wir das machen, fangen wir wieder an zu streiten, denn wenn etwas von der griechischen Variante übrigbleibt, dann sagst du wieder, die türkische Küche sei besser, und ich umgekehrt. Wir müssen im Voraus festlegen, welche Gerichte nach griechischem und welche nach türkischem Rezept zubereitet werden.«

»Okay, aber ich habe noch eine Frage«, sagte Achmed. »Wie nennen wir es: Döner oder Gyros?«

»Das ist auch einfach zu lösen«, antwortete Stavros. »Die Variante mit Kalb heißt Döner, die mit Schwein Gyros.«

»Dasselbe können wir mit Börek und Pitta machen«, sagte Maria. »Die Variante mit Hackfleisch heißt Börek und die mit Spinat oder Lauch Pitta.«

So waren also alle vordringlichen Fragen gelöst. Am nächsten Morgen stürzten sie sich in die Arbeit, und drei Monate später war das Restaurant bereit zur Eröffnung. Sie nannten es »Achmed und Stavros«, und darunter stand auf Deutsch: »Griechisch-türkische Köstlichkeiten«.

Das Restaurant erregte vom ersten Tag an Aufsehen. Obwohl es nicht jeden Abend ausgebucht war, lief es gut. Nicht nur Deutsche besuchten es, sondern auch Griechen und Türken. Der Bankfilialleiter hielt sein Versprechen und kam mit seiner Familie zum Essen.

Eines Abends betrat ein gutgenährter Mann das Lokal. Er blickte sich um und suchte sich einen Tisch aus. Sein Deutsch hatte einen fremdländischen Akzent. Er bestellte Auberginen Imam und Börek. Nachdem er beide Gerichte mit herzhaftem Appetit gegessen hatte, fragte er den Kellner: »Sind die Inhaber da?«

»Ja.«

»Ich würde sie gerne sprechen.«

Der Kellner gab Achmed und Stavros Bescheid. Den beiden war ein wenig mulmig zumute. Sie gingen davon aus, dass sich der Gast beschweren wollte, aber er sagte nur: »Kompliment! Ihr Essen ist hervorragend.«

Stavros und Achmed atmeten auf. »Vielen Dank!«, sagten sie wie aus einem Mund.

»Ich stamme aus Istanbul«, erzählte der Mann. »Ich bin ein sogenannter Konstantinopler Grieche. Meine Familie hat sich 1963 in Griechenland niedergelassen, und ich bin Diplom-Ingenieur geworden. Dann fand ich zufällig eine Stelle in Deutschland, bin geblieben und wohne jetzt schon lange hier. Ich möchte Ihnen nicht nur fürs Essen ein Kompliment machen, sondern auch, dass Sie Ihrem gemeinsamen geistigen Ahnvater alle Ehre machen.«

Die beiden Geschäftspartner blickten sich an. »Wer ist denn unser geistiger Ahnvater?«, fragte Stavros.

»Die Schattenspielfigur Karagöz natürlich!«, erwiderte der Mann prompt. »Wir Türken und Griechen stammen alle von Karagöz ab. Das ist kein Scherz! Die türkischen und die griechischen Schattenspielfiguren haben etwas gemeinsam. So viel sie auch leiden, so sehr man sie auch demütigt, am Schluss finden sie immer einen Ausweg. Genau das habt ihr auch getan. Ihr seid eurem geistigen Ahnvater treu geblieben und habt eine gute Lösung für euch gefunden. Bravo! Noch einmal herzlichen Glückwunsch!«

Plötzlich wandte sich Stavros an Achmed. Offenbar war ihm eine richtig gute Idee gekommen. »Wie wäre es, den Namen des Restaurants zu ändern?«

Achmed reagierte verdattert. »Und wie soll es dann heißen?«

»Restaurant Karagöz. Griechische und türkische Küche.«

»Der Name ist schön, aber ihr könnt nicht ›griechische und türkische Küche‹ sagen«, erklärte der Mann Stavros. »Es muss andersherum lauten: Türkische und griechische Küche.«

»Wieso?«, wunderte sich Stavros.

»Weil die Griechen ihren Karagiosis vom türkischen Karagöz übernommen haben. Wäre Karagiosis eine griechische Erfindung, dann müsste er Mavromatis heißen.«

»Wieso?«, wunderte sich Achmed.

»Mavromatis, der mit dem schwarzen Auge«, erklärte der Mann. »Das ist die griechische Übersetzung von Karagöz.«

Eine Woche später trug das Restaurant einen neuen Namen: »Restaurant Karagöz. Türkische und griechische Küche.«

Das Lokal war von nun an jeden Abend voll besetzt. Der Zusammenschluss zweier Nachkommen von Karagöz erwies sich als gewinnbringend.

Epilog
Chalki oder Radfahren durch die Leere

Immer wenn ich an Chalki zurückdenke, verspüre ich eine große Leere. Ich weiß, dass dieses Gefühl etwas mit meinen Jugendjahren zu tun hat, die ich auf der Insel verbracht habe, und doch frage ich mich, warum es mir nach so vielen Jahren noch so lebhaft in Erinnerung ist.

Fast alle Inseln haben zwei Gesichter: ein sommerliches und ein winterliches. In den dazwischenliegenden Jahreszeiten, im Frühling und im Herbst, findet die jeweilige Verwandlung statt. Das gilt auch für die Prinzeninseln, doch es gibt einen grundlegenden Unterschied: Die Prinzeninseln waren keine Urlaubsziele, sondern Orte der Sommerfrische. Dadurch konnte sich eine andere Beziehung zwischen den Inselbewohnern und den »Fremden« bilden.

Auf den griechischen Inseln, die vorwiegend von Feriengästen besucht werden, bleibt das Verhältnis zwischen Einheimischen und Touristen zumeist förmlich und geschäftsmäßig. Auf den Prinzeninseln jedoch entstanden feste Bindungen zwischen den Inselbewohnern und den Sommergästen, die jedes Jahr neu aufgefrischt wurden. Beide Seiten schlossen direkt da an, wo sie ihr Gespräch im letzten Herbst unterbrechen mussten, als hätte es weder Winter noch Frühling gegeben. Daraus ergab sich, dass Chalkis sommerliches Antlitz – im Hinblick auf die zahlenmäßige und soziale Zusammensetzung der Bevölkerung – ganz anders aussah.

Die Familien, die Jugendlichen und die Kinder, die zur Sommerfrische kamen, erweckten nicht nur die Insel, sondern auch die Freundschaften aus dem vergangenen Sommer zu neuem Leben. Diese Verwandlung erkannte man zunächst einmal an den Fahrrädern: nicht nur an der Anzahl der auf der Insel zirkulierenden Fahrräder, sondern auch an der Art, wie man damit fuhr. Im Winter erblickte man da und dort einen vereinzelten Radfahrer, im Sommer hingegen waren sie in Gruppen unterwegs, oft zu zweit oder zu dritt.

Als ich Jahre später in »fahrradfreundlichen« Städten wie Cremona, Modena oder Zürich zu Besuch war, fiel mir auf, dass jedermann mit dem Fahrrad unterwegs war. Auf den Prinzeninseln hingegen diente das Fahrrad ausschließlich den jungen Leuten als Fortbewegungsmittel. Unsere Eltern gingen zu Fuß, oder sie fuhren in der Araba, wie man die vierrädrigen Pferdekutschen nannte. Die Fahrräder auf den Inseln folgten demselben jahreszeitlichen Zyklus wie die Sommerkleidung. Genau so, wie man am Ende des Frühlings die Schränke und Truhen öffnete, um die Sommerkleidung herauszuholen, zu lüften und zu bügeln, brachten wir unsere Fahrräder auf Hochglanz, ölten sie und polierten ihre Chromteile, bevor wir mit ihnen draußen eine Runde machten.

Auf den Inseln war das Fahrrad ein Statussymbol, ganz so wie heute das Auto. Auf der untersten Stufe stand die Importware aus den sozialistischen Staaten beziehungsweise aus den Ländern »hinter dem Eisernen Vorhang«, wie man damals sagte. Der Großteil stammte aus der DDR, der Rest aus England oder Frankreich. Die Jugendlichen aus der Mittelschicht fuhren englische BSA und Rudge, darunter auch ich, oder französische Peugeot-Räder. Zu den Marken, welche die Oberschicht bevorzugte, zählten Räder mit Gangschaltung, die französische Marke Automoto und die englische Raleigh. Fahrräder aus Westdeutschland fand man selten. Obwohl zu der Zeit viel vom deutschen Wirtschaftswunder gesprochen wurde, waren die deutschen Produkte in der Türkei kein Exportschlager.

Der große Fahrrad-Boulevard auf Chalki begann beim Sommerhaus von Ismet Inönü, einem Weggefährten Atatürks. Die erste Raststation befand sich etwa dreihundert Meter weiter, bei Agisilaos' Kafenion, die zweite bei Etems Gartenlokal, nicht weit davon entfernt. Heute findet man keine Spur mehr von diesen beiden schattigen, unter Kiefern gelegenen Kafenions, in denen – vorwiegend samstagvormittags – auch gerne unsere Eltern saßen. Bei Agisilaos verkehrten die Istanbuler Griechen, bei Etem die sephardischen Juden.

Hinter diesen beiden Cafés begann die große Inselrundfahrt, bei der man noch zweimal haltmachen konnte, und zwar bei den »Brückchen«, doch der Name täuscht, da weit und breit nichts an irgendwelche Brücken erinnerte. Beim ersten lag ein Halbrund, das an die Spielfläche eines antiken Theaters erinnerte, und beim zweiten, nur vierhundert Meter weiter, ein lang gestreckter vergitterter Schutzwall, den man vermutlich als eine Art Leitplanke errichtet hatte, um die Pferdekutschen vor einem Sturz in den Abgrund zu bewahren.

Doch wir blieben zumeist schon beim ersten Halt hängen, und zwar aus einem einfachen Grund: Das erste Brückchen war der Mädchentreff, es gab also schlicht keinen Grund weiterzufahren. Gewiss war der Sonnenuntergang vom zweiten Brückchen aus wesentlich eindrucksvoller anzusehen, doch welchen jungen Mann kümmert schon das Abendrot oder das Mondlicht? Solche Dinge wurden vielmehr von unseren Eltern bewundert, die im August im Mondenschein Eselsritte unternahmen. Uns ließen solche Dinge kalt.

Ich weiß zwar nicht wieso, aber auf den Prinzeninseln erheben zwei Klöster den Monopolanspruch auf den tollsten Sonnenuntergang. Das eine ist das Makarios-Kloster auf Chalki. Es liegt zuoberst auf einem der beiden Hügel, die an Kamelbuckel erinnern (daher auch der türkische Name Heybeliada, die Buckelinsel). Um zum Kloster zu gelangen, musste man hinter der Militärschule für Fernmeldetechnik nach links abbiegen und einen von Kiefern gesäumten Pfad hochlaufen. Zum Kloster gehört eine winzige Kapelle. Früher gab es dort auch einen Gärtner, der Römer- und Kopfsalat anbaute. Die Jahre vergingen, der Gärtner starb ohne Nachfolger, und im Kloster verblieben nur mehr ein paar alte Kiefern und ringsherum die Weite der Landschaft.

Das Kloster blickt auf die Nachbarinsel Antigoni (Burgaz). Abends kann man hier einen der prächtigsten Sonnenuntergänge im Marmarameer erleben. In der Osternacht gingen wir entweder ins

Makarios-Kloster oder ins Ajios-Jeorjios-Kloster, das oberhalb der Kadettenanstalt liegt und nicht dem Ökumenischen Patriarchat von Konstantinopel, sondern der Bruderschaft vom Heiligen Grab des Griechisch-Orthodoxen Patriarchats von Jerusalem untersteht. Zur Messe am Ostersonntag pilgerten wir hoch zum Theologischen Seminar von Chalki, um das Evangelium in den jeweiligen Landessprachen der dort studierenden Geistlichen zu hören: auf Griechisch, Serbisch, Russisch, Türkisch, Französisch und in vielen anderen Sprachen.

Den eindrucksvollsten Sonnenuntergang genossen wir jedoch nicht von Chalki, sondern von Prinkipos (Büyükada) aus, wo ein weiteres dem Heiligen Georg geweihtes Kloster liegt. Der Aufstieg war zwar beschwerlich, doch wenn man die Anhöhe erklommen hatte, wurde man für die Mühe reichlich belohnt.

Heute wandern nur mehr wenige zum Makarios-Kloster von Chalki, während das Ajios-Jeorjios-Kloster auf Prinkipos zwischen Frühjahr und Herbst rege besucht wird. Ai Jorgis, wie es von den Istanbuler Griechen genannt wird, ist sehr alt, doch es sind nicht nur Klosterbesucher oder Pilger, die den Aufstieg auf sich nehmen. Viele besuchen nur das Ausflugslokal nebenan, um Kaffee, Tee oder Raki zu trinken und die Aussicht zu genießen.

Auf Chalki gibt es noch ein drittes Kloster: die Istanbuler Griechen nennen es »Arsenios«. Nach dem zweiten Brückchen bog man nach rechts ab, und kurz darauf gelangte man über ein schmales Sträßchen ans Ziel. Das Arsenios war unser nachmittäglicher Treffpunkt, zu dem wir mit dem Fahrrad hingelangten. Dort spannten wir das Volleyball-Netz vor dem Kloster zwischen zwei Kiefern auf und spielten bis zum Einbruch der Dunkelheit.

Warum denn so ein weiter Weg, nur um ein bisschen Volleyball zu spielen, könnte man einwerfen, wo es doch zwei ausgedehnte Brachen auf der Insel gab, die viel näher lagen? Schon richtig, andererseits hatte das Arsenios den großen Vorteil, dass man von dort aus Blick aufs Meer hatte, sowohl in die eine wie in die andere Richtung, und dass dazwischen ein Kiefernhain lag. So konnten wir im Schatten der Bäume bis zur Erschöpfung Volleyball spielen und danach ins Meer springen.

Steht man vor dem Kloster, so blickt man rechts auf einen abschüssigen Hang, der zu einem von Nadelbäumen gesäumten Strand hinabführt. Links blickt man auf das letzte Stück von Prinkipos, und um zum Meer zu gelangen, muss man die Klosteranlage durchqueren. Dort unten gab es keinen Strand, sondern einen großen Felsen, den die Bewohner von Chalki »Vogeldreckbrocken« nannten, da er vom Möwendung ganz weiß war. Und von der Spitze des Felsens sprangen wir geradewegs in die Tiefe.

Was mir abgesehen von der Leere und der Langeweile von Chalki besonders in Erinnerung geblieben ist, sind die Kiefernwälder. Mir ist bewusst, dass sowohl Prinkipos wie auch Antigoni zumindest vor den verheerenden Bränden einen großen Waldbestand hatten, doch keine der beiden Inseln konnte sich mit Chalki messen. Wer sich damals mit dem Linienschiff von Antigoni der Küste entlang dem Schiffsanleger von Chalki näherte, sah nichts als Kiefernwälder.

Ich bin in meinem Leben viel herumgekommen und reise zum Glück immer noch viel, doch zumindest in Europa bin ich auf keine andere Insel mit so viel Grün wie Chalki gestoßen. Als ich Jahre später nach und nach das Griechenland jenseits von Athen und dabei auch die Kykladen besuchte, fiel mir der Unterschied ins Auge. Die Kykladen weisen keinerlei Ähnlichkeit mit Chalki und den Prinzeninseln auf, doch die felsige Landschaft mit ihren weißen Häusern mitten in der Unendlichkeit der Ägäis verfügt über eine ihr eigene Schönheit, weshalb ich Chalki nicht allzu sehr nachtrauern muss.

Die Fahrradtouren, das Volleyballspiel und das Baden im Meer fanden gegen sieben Uhr abends ein Ende, und Frauen wie Männer, Kinder wie Alte, Mädchen wie Jungen spazierten zum Schiffsanleger hinunter. Eigentlich fand dort nichts anderes als die Fortsetzung der Fahrradtour statt – einfach ohne Fahrrad. Wir spazierten dann von Ismet Inönüs Sommerhaus bis zu Etems Ausflugslokal und wieder zurück oder zwischen Schiffsanleger und Hafen auf und ab.

Unsere Mütter saßen mit ihrem Strickzeug in den kleinen Kaffeehäusern und führten jeden Abend die gleichen Gespräche, während unsere Väter in denselben Lokalen, aber getrennt von den Frauen, Tavli oder Préferénce spielten, genau wie man das in den Kafenions in Griechenland tat. Ich weiß nicht, ob in der Türkei das Preference-Spiel noch betrieben wird, doch in Griechenland ist dieses alte Kartenspiel von anderen Spielen verdrängt worden, die sich besser zum Zocken eignen. Auf Chalki spielte man um drei Stücke Lokum, so viele Préferénce-Spieler waren es auch, und der Verlierer zahlte das Lokum und einen Beitrag an die Spielkarten.

Was sich in beiden Ländern bis heute behauptet, ist das Tavli-Spiel. Noch immer sieht man in den Vierteln Istanbuls die Ladenbesitzer auf Schemeln vor ihren Geschäften sitzen und die Zeit mit einer Partie Tavli totschlagen. Dasselbe Bild bot sich in Athen in der Ajion-Assomaton-Straße, in dem Abschnitt mit den billigen Spielzeugläden, bevor dieser im Vorfeld der Olympiade revitalisiert und zu einer – durchaus hübschen – Fußgängerzone gemacht wurde. Doch die Tavli-Spieler sind nun verschwunden.

So sah unser Alltag die ganze Woche lang aus, ohne Abweichungen oder Überraschungen. Mit Ungeduld warteten wir auf den Samstag, um nach Prinkipos zu fahren. Zwar liebe ich Chalki sehr, sie war für mich damals die schönste aller Prinzeninseln, doch Prinkipos war ganz klar ein anderes Kaliber. Chalki war die Insel des Mittelstands, Prinkipos die des Großbürgertums. Von dessen prächtigen hölzernen Villen mit großen Gärten voller üppiger Blumenbeete konnte Chalki nur träumen.

Wenn am Schiffsanleger von Chalki höchstens fünf Wagen auf Kundschaft warteten, dann waren es in Prinkipos fünfzig. Zudem gab es auf Prinkipos das Hotel Splendid. Das Chalki Palace war damals noch eine Ruine, und die Kinder spielten in seinem von Unkraut überwucherten Garten unter den aus Holz geschnitzten Baldachinen Verstecken. Ganz anders als heute. Seit seiner Renovierung gilt es als eines der schönsten Beispiele für die traditionelle Villenarchitektur.

Im Garten des Hotels Splendid, wenige Schritte von dem Haus entfernt, in dem Leo Trotzki die ersten Monate seines Exils verbracht hatte, tranken die jungen Leute aus Chalki jeden Sonnabendnachmittag Ginfizz. Dieser Drink war damals bei der Jugend besonders in Mode. Jeder junge Mann, der bei den Mädchen Eindruck schinden wollte, trank Ginfizz. Ich kann mich nicht mehr erinnern, ob es Gin mit Zitronen- oder Orangensaft war oder vielleicht sogar Wodka, aber es spielt keine Rolle. Das Ausschlaggebende war, dass wir Ginfizz im Garten des Splendid tranken und den Mädchen aus Prinkipos hinterherblickten.

Manchmal fuhr ich nicht mit meinen Freunden, sondern mit der Familie nach Prinkipos. Dann gab's keinen Ginfizz im Splendid, sondern Raki mit den zugehörigen Mezze-Häppchen im Restaurant Fatsio gleich neben dem Schiffsanleger. Mein seliger Vater liebte Raki und auch das Fatsio heiß und innig. Dort habe ich zum ersten Mal Raki probiert, mit den Ermahnungen meines Vaters im Ohr wie »Ein Gläschen ist genug!« oder alternativ »Zwei Gläschen sind genug!«. Die Raki-Degustationen in der Istanbuler Christakis-Passage, heute Çiçek Pasajı, folgten erst viel später.

Um elf Uhr abends kehrten wir mit dem letzten Linienschiff nach Chalki zurück. Immer wenn ich von der Reling aus auf die immer kleiner werdenden Lichter von Prinkipos blickte, überfielen mich Melancholie und ein Gefühl von Überdruss. Wir hängen an allem, was man uns nimmt, und schätzen das nicht, was wir haben, sagt Shakespeare irgendwo. Vielleicht war genau das mein Problem.

Shakespeare hin oder her, die von mir empfundene Leere wurde in fast allegorischer Weise von zwei Menschen aus Chalki umrahmt. Im Herbst war es Achmed. Er transportierte im September die Siebensachen der Sommerfrischler – Kleider und Küchenutensilien – nach Istanbul zurück. Alle nannten ihn »Piç Ahmed«, also »Achmed, der Bastard«. Und da die Istanbuler Griechen in der Regel fast alle türkischen Ausdrücke hellenisierten, nannte man ihn »Pitsametis«. Niemand verstand dies als Beleidigung, da er selbst den Namen für sich verwendete. Immer wenn meine Mutter nach 1954, als wir nach Istanbul umgezogen waren und auch nur mehr im Sommer nach Chalki kamen, ihn herunterhandeln wollte, unterbrach er sie mit den Worten: »Madame, nur Pitsametis kann deine Sachen ohne Schaden transportieren.« Und das war keine Übertreibung. Alle Sommerfrischler vertrauten ihm den Umzug an, da er außerordentlich penibel war.

Das war Achmeds gute Seite. Seine schlechte Seite war, dass er mit Dynamit fischte. Alle wussten davon, auch die Polizei, doch man konnte es ihm nicht nachweisen, da er mit allen Wassern gewaschen war und das Marmarameer wie seine Westentasche kannte. Er war stets gut gelaunt und hilfsbereit, zuweilen auch ohne Lohn. Schaden fügte er nur den Fischen zu, nicht den Menschen.

Die Rückkehr der Sommerfrischler nach Istanbul setzte in der ersten Septemberwoche ein. Von Tag zu Tag entvölkerte sich die Insel, und gleichermaßen wuchs meine innere Leere. Nach dem 29. Oktober, dem Feiertag der Republik, trat das winterliche Angesicht Chalkis zutage. Die größte Ödnis, die ich je empfunden habe, ist die Herbststimmung auf Chalki. Die damit verbundene Unlust trat jedoch noch nicht in der Volksschule, sondern erst in der Gymnasialzeit auf.

Im Volksschulalter spielten alle Kinder der Insel, Griechen wie Türken, miteinander. Zwar besuchten wir verschiedene Schulen, doch sowohl in den Wohnvierteln als auch auf den Brachen spielten wir zusammen. Und wurden wir aufmüpfig, wurden wir von unseren Müttern, egal ob Griechin oder Türkin, gnadenlos gezüchtigt.

Im Sommer schlossen sich uns auch die Kinder der temporären Gäste an, wobei wir die Wortführer waren. Ging der Sommer seinem Ende zu, so kehrten diese Kinder nach Istanbul zurück, während wir weiterspielten, ohne sie sonderlich zu vermissen. Kurz gesagt lebten wir immer noch in unserer kleinen, aber glücklichen Liliputwelt, und besagte Ödnis überkam höchstens meine Mutter.

Das änderte sich schlagartig, als ich im Herbst die erste Klasse des österreichischen Gymnasiums besuchte. Von Montag bis Sonnabend nahm ich jeden Morgen das Sieben-Uhr-Schiff, tauchte um halb neun in das lärmende Menschengewimmel von Karaköy ein, hatte um halb vier Schulschluss und kehrte mit dem Schiff um Viertel nach vier wieder auf die Insel zurück.

Nur fünf oder sechs Fahrgäste verließen am Schiffsanleger die Fähre und verstreuten sich in alle Richtungen. Dieses tägliche Wechselbad zwischen der Verlassenheit der Insel und dem pulsierenden Leben Istanbuls ging mir an die Nieren. Nicht nur fiel mir das Alleinsein zunehmend schwer, sondern ich war auch neidisch auf meine Mitschüler, die in Istanbul lebten. Und dieser Neid wuchs am Sonnabend ins Unermessliche.

In den Pausen verabredeten sich meine Mitschüler für das Wochenende: in welches Kino oder auf welche Party sie gehen würden, in welchen Konditoreien sie sich treffen würden. (Die Bezeichnung ›Cafés‹ kam erst viel später auf.) Mich hingegen erwartete ein paar Stunden später die Fähre, um mich zurück in die Gleichförmigkeit des Insellebens zu befördern.

Da ich meine Hausaufgaben auf dem Schiff erledigte, hatte ich zu Hause nichts mehr zu tun. Deshalb griff ich oft nach einem Buch, setzte mich in eine Ecke und las. Mit der Zeit entfalteten die Bücher die Wirkung von Aspirin und wurden so etwas wie ein Allheilmittel gegen das Gefühl der Langeweile. Heute nehme ich kein Aspirin mehr, weil es mir auf den Magen schlägt, und manchmal frage ich mich, wieso ich keine unüberwindliche Abneigung gegen Bücher entwickelt habe.

Die Einsamkeit und Leere auf der Insel waren so allumfassend, dass wir sogar wussten, wer um eine bestimmte Zeit draußen auf der Straße vorüberging. Wenn wir etwa um acht Uhr draußen Schritte hörten, meinte meine Mutter: »Ah, das muss Sıtkı Bey sein.« Und sie lief zum Fenster. Sıtkı Bey wohnte im oberen Viertel, und daher kannten wir ihn nicht gut, aber meine Mutter, beseelt vom

Wunsch, mit jemand anderem als meinem Vater, meiner Großmutter oder mir zu reden, beeilte sich, ein paar Worte mit ihm zu wechseln.

Vielleicht illustriert die folgende Episode mehr als alles andere das freundschaftliche Verhältnis zwischen Griechen und Türken auf der Insel. Meine Tante Fofo, die Frau des Bruders meines Vaters, sprach – wie so viele Griechen damals – ein miserables Türkisch. Und so hatte sie mit dem Namen des Herrn Sıtkı und dem schwer auszusprechenden Vokal »ı«, der jedem Nicht-Türken zu schaffen macht, so ihre Schwierigkeiten. Sie nannte ihn daher »Siki Bey«. Nur dass »siki« auf Türkisch das Wort »Penis« im Genitiv bedeutet. Wenn meine Mutter, die tadellos Türkisch konnte, meine Tante den Herrn grüßen hörte: »Merhaba, Siki Bey!«, rannte sie in die Küche, um sich dort vor Scham zu verkriechen. Sıtkı Bey jedoch nahm es ihr nicht krumm, sondern entgegnete ihr lachend: »Merhaba, Madame.«

Im Winter herrschte in den Fleischereien, den Gemischtwarenhandlungen und Gemüseläden gähnende Leere. Neben Grigoris' Esslokal lag auf der Parallelstraße zur Strandpromenade die Gemischtwarenhandlung von Ali Bey mit dem Namen »Die Brüder«. Ali Bey war auch unser Türkisch-Lehrer in der Volksschule. Auf der Hauptstraße von

Chalki, auf der auch die Ajios-Nikolaos-Kirche liegt, gab es linkerhand, kurz vor der Kirche, Lazaros' Gemüseladen. Daneben lag Thomas' Fleischerei, gegenüber die von Zacharias und der Laden von Archimidis, der Mineralwasser in Korbflaschen verkaufte. Ein Stück weiter oben befand sich Jannis' Bäckerei.

Niemand kannte die Nachnamen der Inhaber, der Vorname reichte. Im Sommer, wenn die Geschäfte gut besucht waren, beschränkte sich der Kontakt auf einen kurzen Gruß. Doch im Winter blieb man, wenn man die Hauptstraße entlangging, in jedem Laden stehen und hielt ein Schwätzchen. Dabei war unwichtig, ob man zum Kundenkreis zählte oder nicht. Wichtiger war es, ein paar Worte zu wechseln, um der Langeweile zu entrinnen.

Mein Vater kaufte Gemüse bei Lazaros und das Fleisch bei Sandık, dessen Laden auch auf der Hauptstraße lag, jedoch ein Stückchen von den anderen Geschäften entfernt. Nie wieder habe ich so köstliches Lamm wie das von Sandık gegessen. »Dieser Zacharias hat keine Ahnung, wie man Koteletts schneidet. Der stapelt sie übereinander wie Brennholz«, regte sich mein seliger Vater auf. Sandık breitete dünnes Butterbrotpapier aus und platzierte darauf die Fleischstücke wie für eine Kunstausstellung. Sobald das Butterbrotpapier voll war, breitete er ein neues darüber und begann mit der zweiten Lage.

Jahre später ging ich zu einem Fleischer in Athen, um Koteletts zu kaufen. Er packte sein Beil und legte los. Mir standen die Haare zu Berge. »Was soll das denn?«, schrie ich. »Sie wollten doch Koteletts, oder etwa nicht?«, fragte er genervt. Der Mensch jedoch gewöhnt sich an alles, selbst an von einem Beil malträtierte Lammkoteletts.

Was tut ein junger Mann am Wochenende, wenn er dazu verurteilt ist, auf einer Insel ohne Autos, Busse oder Konditoreien zu leben, die per Schiff anderthalb Stunden von Istanbul entfernt liegt? Er schwingt sich auf sein Fahrrad und durchmisst die leergefegte Insel. Er geht hinunter zu den Stränden, wo die Kiefern bis zum Wasser hinunterreichen, und betrachtet endlose Stunden lang die Brandung. An solchen Tagen erwachte wohl meine Liebe zum Anblick des vom Wind gepeitschten und aufgewühlten Meeres, die bis heute anhält.

Ein friedliches und windstilles Meer kommt mir vor wie der Wasserspiegel meiner Badewanne. Eine Reise durch die Ägäis bei hoher See hingegen ist für mich ein Hochgenuss. An den Sonntagnachmittagen, so gegen fünf, unternahm ich manchmal einen Spaziergang zum Theologischen Seminar. Zu dieser Stunde vertraten sich auch die Studenten die

Beine, die »Priesterschüler«, wie man sie auf Chalki nannte, und ab und zu kamen wir ins Gespräch, um dem eintönigen Einerlei ein Schnippchen zu schlagen.

Der Sonntagnachmittag war darüber hinaus mit noch einem anderen Ereignis verknüpft: An diesem Tag war der Kinosaal der Kadettenschule für alle Inselbewohner zugänglich. Jung und Alt, Männer und Frauen eilten um drei Uhr nachmittags herbei, um sich einen Film anzusehen. Ich habe sämtliche Hollywoodfilme aus den Fünfzigerjahren gesehen: entweder im Kinosaal der Kadettenschule oder im Freiluftkino, das jeden Sommer im Garten unserer Volksschule betrieben wurde. Und vor allem, wenn die Filme des größten damaligen Stars Gene Kelly gezeigt wurden, war die ganze Sommerbevölkerung der Insel auf den Beinen. »Gehen wir heute Abend ins Kino? Es gibt ›Genekeli‹«, so lautete die Parole. Wenn meine Tochter, die Filmregie studiert hat, über *Casablanca* oder die Filme von Howard Hawks spricht, kommt mir stets der Kinosaal der Kadettenschule in den Sinn.

Der Frühling auf Chalki wurde von Jannos eingeläutet. Die Inselbewohner nannten ihn »Trellojannos«, den verrückten Jannos, doch er war weniger verrückt als gutmütig und heiter von Charakter.

Wenn Pitsametis den Winter einläutete mit seinem Wegräumen der Sommersachen, so verbreitete Jannos mit seinen Teppichen die Botschaft, dass der Winter vorbei und der Sommer im Anmarsch war. Denn Jannos arbeitete für fast alle Bewohner als Teppichreiniger. Er breitete die Teppiche mitten auf der Straße aus und schüttete eimerweise Wasser darüber. Dann schrubbte er sie penibel mit Seife.

Er bearbeitete die Teppiche nicht mit Holzknüppeln oder Weidenruten, um sie sauber zu bekommen, sondern er zog seine Schuhe aus und tanzte auf ihnen. Genau so, wie man früher Trauben kelterte, indem man sie mit nackten Füßen zerstampfte. Keiner von uns kannte seinen Tanz, bei dem er ohne Unterlass feurige Rufe ausstieß. Wir hielten ihn für eine Eigenerfindung, bis eine Besucherin aus Griechenland, die ihm zusah, ausrief: »Mensch, der tanzt ja den Kalamatianos!« Und so lernten auch wir diesen alten griechischen Volkstanz.

Die Hochzeit von Jannos und Anthoula ging in die Annalen der Insel ein. Jannos stand mit seiner Anthoula vor Pater Iakovos, schlug mit weit ausholenden Bewegungen das Kreuzzeichen und rief aus: »Gelobt sei der Herr, dass ich das noch erleben darf! Wo wir doch alle beide noch keusch und unschuldig sind!« Während die Schar der Gläubigen in der Kirche kicherte und lachte, ertönte Pater Iakovos' Donnerstimme: »Schweig still, Elender. Du bist nicht keusch, sondern ein Sünder und ein Strohkopf.« Und danach wandte er sich voller Empörung an seine Schäfchen: »Ruhe jetzt! Hier wird das Sakrament der Ehe gespendet. Wir sind hier nicht beim Zirkus!« Mit »Zirkus« meinte er eine Truppe Akrobaten, die jeden Sommer auf einer Brache vis-à-vis des türkischen Gymnasiums Quartier bezog und Vorstellungen gab, an deren Ende stets eine derbe Posse aufgeführt wurde. Die Inselbewohner strömten jeden Abend auf die Brache, da sie sowohl an den Akrobatikeinlagen als auch an der volkstümlichen Komödie Geschmack fanden.

Jannos und Anthoula bekamen neun Kinder. Obwohl Jannos alle schweren Arbeiten annahm, da er ein außergewöhnlich kräftiger und starker Mann war, war es keine leichte Aufgabe, elf Mäuler zu stopfen, selbst in den Fünfzigerjahren, als das Leben einfacher und die Menschen genügsamer waren. Er zeugte neun Kinder, da er davon träumte, einen Sohn zu bekommen, doch jedes Mal wurde es wieder ein Mädchen. Ob es doch noch zu einem zehnten Kind kam, dem ersehnten Jungen, weiß ich beim besten Willen nicht mehr.

Eine Sache jedoch fand bei der gesamten Bevölkerung der Insel und besonders bei den Fischern Anerkennung: Jannos' Gabe, das Wetter vorherzusagen. Damals gab's noch kein Fernsehen und keine Wettersatelliten. Und so hörten die Fischer auf Jannos. »Fahrt morgen raus zum Fischen«, sagte er. »Ab übermorgen kommt Nordwind auf.« Oder wenn er sah, wie die Damen sich sonnten, unkte er: »In drei Tagen gibt's Nordwestwind und 'n Schneesturm.« Die Hälfte seiner Ankündigungen traf ein, und das war für damalige Verhältnisse eine enorme Trefferquote.

Wenn es einen Trost im trostlosen Einerlei gab, dann in der Tatsache, dass Prinkipos im Winter noch viel schlimmer dran war als Chalki. Die Restaurants und Tavernen zur Linken des Schiffsanlegers, die sich im Sommer vor Gästen kaum retten konnten, waren finster und mit Rollläden verbarrikadiert. Die Kutscher, die im Regen zusammengekauert auf dem Kutschbock hockten, warteten vergeblich auf Fahrgäste. Das Hotel Splendid war geschlossen, und sein Garten, in dem wir an den Samstagnachmittagen immer Ginfizz tranken, war von Unkraut überwuchert. Immer wenn ich im Winter von Prinkipos nach Chalki zurückkehrte, fühlte ich keine Niedergeschlagenheit mehr, sondern Erleichterung, fast so etwas wie Freude.

Kann sein, dass Chalki sich stark verändert hat, aber – wie ich gerne immer wieder sage – die Istanbuler haben zwei Leben: das erste beginnt mit dem Tag ihrer Geburt und das zweite mit dem Tag, an dem sie Istanbul verlassen. Sowohl Istanbul als auch mein späteres Leben in Athen haben meine Arbeit als Schriftsteller geprägt. Denn die Erinnerungen kommen immer wieder zu Besuch, entweder festlich gekleidet oder in Trauerkleidung.